T0158025

Printed in the United States
By Bookmasters

مهارات الاتصال الفعال
مع الآخرين

بسم اللـه الرحمن الرحيم

"قالوا سبحانك لا علم لنا إلا ما علمتنا إنك أنت العليم الحكيم(32)"

(البقرة: 32)

صدق اللـه العظيم

عن أبي هريرة س عن رسول اللـه ﷺ قال:

«إن العبد ليتكلم بالكلمة من رضوان اللـه لا يلقي لها بالا يرفعه اللـه بها درجات وإن العبد ليتكلم بالكلمة من سخط اللـه لا يلقي لها بالا يهوي بها في جهنم »

صدق رسول اللـه ﷺ

مهارات الاتصال الفعال
مع الآخرين

تأليف

دكتور/ مدحت محمد أبو النصر

أستاذ تنمية وتنظيم المجتمع بجامعة حلــوان
دكتوراه من جامعة Wales ببريطانيا
أستاذ زائر بجامعة C.W.R. بأمريكا
أستاذ معار بجامعة الإمارات العربية المتحدة (سابقا)
رئيس قسم العلوم الإنسانية بكلية شرطة دبي (سابقا)

الناشر
المجموعة العربية للتدريب والنشر

2012

3

فهرسة أثناء النشر إعداد إدارة الشئون الفنية - دار الكتب المصرية
أبو النصر، مدحت محمد
مهارات الاتصال الفعال مع الآخرين / تأليف: مدحت محمد أبوالنصر
ط1 ـ القاهرة: المجموعة العربية للتدريب والنشر
244 ص : 24x17 سم.
الترقيم الدولي : 978-977-6298-42-2
1- العلاقات العامة
2- الاتصال الجماهيري أ- العنوان
ديوي: 659,2 رقم الإيداع : 2011/10661

الطبعة الأولى
2012

Arab group

الناشر
المجموعة العربية للتدريب والنشر
8 أ شارع أحمد فخري - مدينة نصر - القاهرة - مصر
تليفاكس: 22759945 - 22739110 (00202)
الموقع الإلكتروني: www.arabgroup.net.eg
E-mail: info@arabgroup.net.eg
elarabgroup@yahoo.com

الإهداء

إلى أمي الحبيبة ـ أطال الله في عمرها

إلى روح أبي الطاهرة ـ رحمه الله

أهدي لهما بعض غرسهما.

المؤلف

المحتويات

المحتويات

المحتويات

المحتويات

المحتويات

المقدمة

تمثل عملية الاتصال حاجة اجتماعية ضرورية لكل إنسان، وهي عملية أساسية للتعارف بين الناس والتواصل بين الحضارات والتفاعل بين الجماعات البشرية.

والاتصال هو عملية إرسال واستقبال للمعلومات وللأفكار وللآراء (رسالة) بين طرفين (مرسل ومستقبل). وهذا يشير إلى التفاعل والمشاركة بينهما حول معلومة أو فكرة أو رأي أو اتجاه أو سلوك أو خبرة معينة وذلك باستخدام وسيلة أو أكثر من وسائل الاتصال المناسبة (مثل: المناقشة، المحاضرة، المقابلة، الاجتماع، الاتصال الهاتفي، ...).

فالاتصال شيء خطير في حياة الإنسان. فكثير من المشكلات تنشأ في حياة الفرد بينه وبين الآخرين يكون سببها في الغالب سوء اتصال، سواء كان ذلك على مستوى العلاقات الشخصية داخل الأسرة، أو مع الأصدقاء، أو مع الأقارب، أو في العمل مع الزملاء والرؤساء والعملاء ...

كذلك فإن الاتصال يلعب دورا هاما في حياة المنظمات، فمن خلاله على سبيل المثال يتحقق الفهم المتبادل بين أعضاء العلاقة، ومن ثم تمثل عمليات الاتصال الشرايين التي تربط بين أعضاء المنشأة، وبين وحداتها، وأنشطتها المختلفة، وبين الوظائف الإدارية المختلفة لتحقيق الترابط والانسجام بينها.

هذا ويهدف الكتاب الحالي: «بناء وتحسين مهارات الاتصال الفعال مع الآخرين» - كما هو موضح من عنوانه - إلى بناء مهارة الاتصال لديك على أسس سليمة، وإلى تحسين هذه المهارة بما يساهم ذلك في تحقيق النجاح في حياتك الشخصية، وتحقيق التميز في عملك.

ويتكون الكتاب من تسعة فصول هي كالتالي:

الفصل الأول   :   مفهوم الاتصال.
الفصل الثاني   :   عناصر ووسائل وأنواع الاتصال.
الفصل الثالث   :   معوقات الاتصال ومقترحات التغلب عليها.
الفصل الرابع   :   الاتصال في بيئة العمل.

الفصل الخامس	:	الاتصال غير اللفظي «لغة الجسم».
الفصل السادس	:	مشروع ومفردات الاتصال غير اللفظي.
الفصل السابع	:	استقصاءات عن مهارة الاتصال.
الفصل الثامن	:	مهارات الاتصال الفعال.
الفصل التاسع	:	ماهية الاتصال باللغة الإنجليزية.

هذا ويمكن استخدام الكتاب لأغراض عدة مثل :

1- التعلم الذاتي والدراسة الفردية : فلقد تم تصميم الكتاب ليمكنك من تعليم نفسك بنفسك.

2- البرامج التدريبية : يمكن استخدام الكتاب كملف تدريبي يتم توزيعه على المتدربين في برنامج تدريبي يدور حول موضوع الكتاب.

3- التدريب عن بعد : يمكن إرسال الكتاب إلى هؤلاء الذين لا يتمكنون من حضور البرامج التدريبية.

4- البحوث العلمية: يستطيع الباحثين في مجالات علم الإدارة وعلم النفس الإداري وعلم اجتماع المنظمات ومهنة الخدمة الاجتماعية .. استخدام الكتاب كمرجع في بحوثهم النظرية والميدانية.

هذا ولقد تم استخدام حوالي 97 مرجعا عربيا و 68 مرجعا أجنبيا في إعداد هذا الكتاب ـ ما بين كتاب وبحث ومقال وترجمة ومؤتمر، هذا بالإضافة إلى عرض بعض الجداول والأشكال التوضيحية لتبسيط وشرح موضوعات الكتاب.

والمؤلف يشكر الله سبحانه وتعالى على توفيقه في إعداد هذا الكتاب المتواضع، والذي به بعض النواقص بلا شك، فالكمال لله وحده.

وبالله التوفيق ،،

المؤلف
أ.د. مدحت محمد أبو النصر
القاهرة : 2008

الفصل الأول

مفهوم الاتصال

أشتمل هذا الفصل على:

- 📖 مقدمــــة
- 📖 تعريف الاتصال.
- 📖 طبيعة الاتصال.
- 📖 أهداف الاتصال.
- 📖 أهمية الاتصال.
- 📖 الاتصال والحواس.
- 📖 الاتصال والإدراك.

مقدمــة :

تعتبر اللغة Language أحد الإنجازات البشرية المهمة جدا، حيث إنها أهم وسيلة يستطيع أن يستخدمها الإنسان ليقوم بعملية الاتصال والتفاهم مع الآخرين.

وعملية الاتصال Communication تمثل حاجة اجتماعية ضرورية لكل إنسان، وهي عملية أساسية للتعارف بين الناس، والتواصل بين الحضارات، والتفاعل بين الجماعات البشرية.

والاتصال هو أساس كل تفاعل اجتماعي، فهو يمكننا من نقل معارفنا وييسر التفاهم بين الأفراد.

هذا وللقيام بأي شيء في الحياة لا بد من الاتصال بأطراف أخرى وجهات ثانية لتحقيق الهدف من الاتصال نفسه أولا، والاتصال بحد ذاته يعتبر نشاطا إنسانيا ذا أهمية كبيرة في أي منظمة عامة كانت أو خاصة وكذلك في حياة الأفراد والجماعات مهما كبر حجمها أو صغر.

ويحتاج العمل الإنساني الجماعي إلى أن يرتبط أعضاؤه ببعض ويتخاطبوا ويتبادلوا المعلومات والبيانات وينسقوا مع بعضهم البعض حتى يستطيعوا القيام بأعمالهم والمهام الموكلة إليهم، وحتى يمكن تحقيق أهداف المنظمة. بعبارة أخرى يحتاج الموظفون في المنظمة إلى ممارسة الاتصال وبشكل مستمر. وللتحقق من أهمية الاتصال علينا أن نتخيل منظمة بدون اتصالات، فالعمل يصبح مستحيلا. ومما يزيد من أهمية الاتصال كونه لا يتعلق بالجانب الإداري والتنظيمي فحسب، بل له ارتباط بالجوانب الاجتماعية والنفسية للفرد، بالإضافة إلى أنه سلاح قوي للتأثير في الآخرين.

تعريف الاتصال:

لغويا كلمة الاتصال مشتقة من الفعل Communicate وهي تعني يشيع عن طريق المشاركة. وهناك من يرى أن كلمة الاتصال ترجع إلى الكلمة اللاتينية Communism وتعني Common أي مشترك أو عام.

وفي الحالتين نجد أن كلمة الاتصال مرتبطة بمعنى المشاركة والتفاعل المتبادل بين طرفين.

هذا وهناك حوالي ألف تعريف لمصطلح الاتصال نذكر بعضها كالتالي :

1- الاتصال عملية مستمرة تتضمن قيام أحد الأطراف بتحويل أفكار أو معلومات معينة إلى رسالة مفهومة وبطريقة معينة، ونقلها إلى الطرف الآخر.

2- الاتصال حاجة اجتماعية أساسية للإنسان تتمثل في التفاعل مع الآخرين.

3- الاتصال عملية رئيسية لتفاعل الأفراد والجماعات والحضارات مع بعضها.

4- الاتصال عملية اجتماعية ذات اتجاهين، تستهدف نقل المعاني من الطرف المرسل إلى الطرف المستقبل، والحصول على استجابة من الطرف المستقبل.

5- الاتصال هو معلومات بين مرسل ومستقبل من خلال وسيلة اتصال وإيجاد تفاهم بين الطرفين يؤدي إلى تحقيق هدف.

6- الاتصال هو تبادل المعلومات خلال شبكة من العلاقات المرتبط بعضها ببعض.

7- الاتصال هو تبادل معلومات بين مرسل ومستقبل من خلال وسيلة اتصال شرط أن يوجد تفاهم بين الطرفين يؤدي إلى هدف.

8- الاتصال هو ظاهرة اجتماعية وحركية، تؤثر وتتأثر بمكونات السلوك الفردي والعوامل المؤثرة على طرفي عملية الاتصال، والمشتملة على نقل وتبادل المعلومات والأفكار والمعاني المختلفة وتفهمها باستخدام لغة مفهومة للطرفين من خلال قنوات معينة.

9- الاتصال هو عملية اجتماعية ذات اتجاهين تستهدف نقل الرسالة من المرسل إلى المستقبل والحصول على استجابة منه.

10- الاتصال هو مجموعة من الإجراءات يقوم خلالها المرسل ـ فردا أو جماعة منظمة ـ بنقل بعض المعلومات ـ رسالة ـ إلى المستقبل ـ فردا أو جماعة أو منظمة.

11- الاتصال هو عملية انتقال المعلومات أو الأفكار أو الاتجاهات أو العواطف من شخص أو جماعة إلى شخص أو جماعة أخرى من خلال الرموز.

وفي ضوء ما سبق يمكن تعريف الاتصال بأنه :

عملية إرسال واستقبال للمعلومات وللأفكار وللآراء (رسالة) بين طرفين (مرسل ومستقبل). وهذا يشير إلى التفاعل والمشاركة بينهما حول معلومة أو فكرة أو رأي أو اتجاه أو سلوك أو خبرة معينة.. وذلك باستخدام وسيلة أو أكثر من وسائل الاتصال المناسبة (مثل: المناقشة، المحاضرة، المقابلة، الاجتماع، الاتصال الهاتفي، ..).

طبيعة الاتصال :

يمكن تحديد طبيعة الاتصال في البنود التالية :

1- الاتصال اجتماعي (لا يتم إلا في وجود الآخرين).

2- الاتصال حركي (يشتمل الاتصال على مجموعة من الإشارات والإيماءات والحركات الصادرة من جسم كل من المرسل والمستقبل).

3- الاتصال مسبب (له أسباب).

4- الاتصال مدفوع (وراءه دافع).

5- الاتصال تفاعلي (يتضمن تفاعلا في اتجاهين بين كل من المرسل والمستقبل).

6- الاتصال نوعي (له أنواع عديدة).

7- الاتصال ضروري (حاجة أساسية لا يستطيع أي إنسان أن يعيش بدون الاتصال بالآخرين).

أهداف الاتصال:

إن الاتصال وسيلة وليس غاية في حد ذاته، فالاتصال الفعال يساعد على:

1- تبادل المعلومات.

2- تحقيق التفاهم والانسجام.

3- الفوز بتعاون الآخرين.

4- وضوح الأفكار والموضوعات والمضمون.

5- إحداث التغييرات المطلوبة في الأداء والسلوك.

6- أداء الأعمال بطريقة أفضل.

7- منع حدوث الازدواجية أو التضارب في العمل من خلال التشاور.

ويوصف الاتصال بأنه فعال حينما يكون المعنى الذي يقصده المرسل هو الذي يصل بالفعل إلى المستقبل.

وبشكل عام فإنه يمكن تحديد أهداف الاتصال في الآتي :

1- الإعلام.

2- الإقناع.

3- الترفيه.

والملاحظ لأي عملية اتصال تحدث، فإنه سوف يجد أن عملية الاتصال الواحدة قد تجمع بين أكثر من هدف من الأهداف السابقة. فاتصال الرئيس بمرؤوسيه على سبيل المثال هدفه إعلام وإقناع المرؤوسين بالقرارات والمعلومات.

أهمية الاتصال :

يمكن القول أن الاتصال شيء خطير في حياة الإنسان. فكثير من المشكلات التي تنشأ في حياة الفرد بينه وبين الآخرين يكون سببها في الغالب سوء اتصال، سواء كان ذلك على مستوى العلاقات الشخصية داخل الأسرة، أو مع الأصدقاء، أو في العمل مع الزملاء والرؤساء والعملاء... فقد يحصل بين الزوج وزوجته، والأب وابنه، أو

الأخ وأخيه، أو الصديق وصديقه، خلافات حادة سببها سوء الفهم. وقد تحدث مشكلات بين الدول، وتتطور إلى قطع العلاقات الدبلوماسية، أو حتى الحرب بسبب الفهم الخاطئ، أو بعبارة أخرى سوء الاتصال.

يقول كل من هربرت جي هيكس Herbert G. Hicks وسيري جليت C. Ray Gullet: «ربما كان صحيحا أن قلب مشكلات العالم هو عدم القدرة على الاتصال، رغم اعتقاد الإنسان بأنه يجيد الاتصال بالآخرين بفعالية».

ويشير فرد لوثن Red Luthans في كتابه السلوك التنظيمي Organizational Behavior: «إن الاتصال سبب في الخلافات التي تحدث بين المحبين وسبب في التعصب ضد بعض الأعراف والأقليات البشرية والتمييز العنصري. والاتصال سبب فيما يحدث بين الشعوب، وهو السبب في ما يسمى بالفجوة بين الجيلين والخلافات العمالية والصراع داخل المنشأة».

فالاتصال يلعب دورا هاما في حياة الإنسان ومستقبله. ولذلك فإن توفر مهارات الاتصال أمر ضروري، ليس للموظف فحسب بل للإنسان عامة.

وتشير بعض الدراسات إلى أن الإنسان يقضي من 70% إلى 85% من وقته في الاتصال بالآخرين؛ إما عن طريق الإنصات لهم، أو الحديث معهم، أو القراءة، أو الكتابة للآخرين.

كذلك فإن الاتصال يلعب دورا هاما في حياة المنظمات، فمن خلاله على سبيل المثال يتحقق الفهم المتبادل بين أعضاء العلاقة، ومن ثم تمثل عمليات الاتصال الشرايين التي تربط بين أعضاء المنشأة، وبين وحداتها، وأنشطتها المختلفة، وبين الوظائف الإدارية المختلفة لتحقيق الترابط والانسجام بينها.

ويؤدي غياب الاتصال الفعال داخل المنظمة إلى مشكلات حادة، وإلى تبديد الموارد وتعطيل الإنتاجية، كما هي الحال في الدول النامية، حيث تعاني الكثير من الشركات والبنوك من الصراعات بين موظفيها وإداراتها. فيجب على المدير أن يتعرف

على المشكلات التي يكون الاتصال سببا فيها ويعمل جاهدا على إيجاد اتصال فعال يقضي على تلك المشكلات.

الاتصال والحواس:

يستخدم الإنسان حواسه في الاتصال بالآخرين. فهناك على سبيل المثال: الاتصال بالعين أو الاتصال البصري، وهناك الاتصال باللمس، والاتصال بالأنف والاتصال باليد..

ويعتبر الاتصال بالآخرين باستخدام الحواس أو ما يطلق عليه أحيانا الاتصال الحسي أو الإحساسي Sensory Communication جزء من لغة الجسم كما سيتضح بالتفصيل في الفصل الخامس والذي يتحدث عن الاتصال غير اللفظي.

الاتصال والإدراك:

تتم عملية الإحساس لدى الإنسان على مراحل كما هو موضح في الشكل التالي :

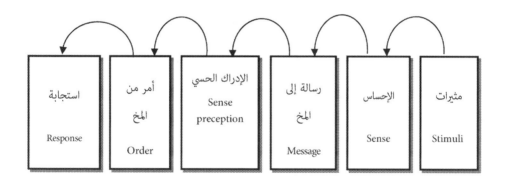

شكل رقم (1)
مراحل عملية الإحساس

19

يصور علماء النفس والخبراء السيكولوجيون كيفية إدراك الإنسان لواقعة معينة من الوقائع بمعادلة مركبة هي: وجود جهاز الحاسة + أعضاء موصلة + مراكز خاصة بالمخ[*]، فالواقعة يكتسبها الإنسان أو تنتقل إليه من العالم الخارجي عن طريق الحواس في صورة تيار كهربائي يقوم بتوصيل هذه الواقعة إلى المخ باعتباره الجزء الرئيسي في الجهاز العصبي المركزي.

وبشيء من التفصيل يمكن أن نقول أن هناك مثيرات عديدة مسببة للإحساس، قد تكون خارجية نابعة من البيئة المحيطة كالصوت والضوء والحرارة أو تكون داخلية نابعة من الكائن الحي نفسه كالإحساس بالجوع والعطش والتعب.

ويقوم عضو الحس باستقبال هذه المثيرات، فيحدث الإحساس. ويقوم الجهاز العصبي (البصري أو السمعي على سبيل المثال) بإرسال رسالة أو إشارات إلى المخ عبارة عن معلومات عن المثير. علما بأن سرعة انتقال الإشارات في الجهاز العصبي لدى الإنسان تصل إلى 30.000 سم في الثانية. ثم يقوم المخ في ضوء الخبرات السابقة بتفسير هذه الإشارات أو المعلومات وفهمها، فيحدث الإدراك الحسي.

أي أن الإدراك الحسي عملية يتم فيها ترجمة الإحساس بالصوت المسموع مثلا إلى شيء له معنى. فهل الصوت المسموع هذا هو صوت إنسان أم حيوان أم صوت قطار أم سيارة ؟.. وهل الصوت بعيد أم قريب؟ .. وهل لا بد من اتخاذ إجراء بشأنه أم لا؟ .. بعد ذلك يصدر المخ أمرا إلى الجسم حتى يستجيب للمثير. فإذا كان المثير صوت سيارة وقريبا جدا فإن الإنسان سوف يستجيب سريعا بالانتباه والجري بعيدا عن السيارة.. أما إذا كان المثير عبارة عن الإحساس بالعطش فإن الإنسان سوف يستجيب بشرب كوب من الماء.

ويرى جيمس ميكونيل James McConnell بأن الإدراك عملية مركبة يقوم الإنسان

---

[*] يمتلك المخ حوالي 30 مليار خلية متخصصة.

بها بمشاركة حواسه المتعددة. وتبدأ هذه العملية باكتشاف المثير والشعور به، ثم تفسير وتصنيف هذا الشعور أو المشاعر بطريقة لها معنى.

فالإدراك عملية كلية تتدخل فيها الشخصية برمتها، فهي فضلا عن تأثرها بطبيعة المنبه الخارجي تتأثر أيضا بطبيعة الحواس التي تملكها، وبالحالة الشعورية الراهنة، واتجاه التفكير، وبالمعلومات والخبرات السابقة، وهذا كله يجعل الاستجابة الإدراكية لموقف واحد معين مختلفة باختلاف ظروف كل شخص من الأشخاص.

ونود أن نوضح أن سلامة الحواس لدى الإنسان من المرض أو الإعاقة ليست وحدها كافية لصحة المدركات التي وصلت إلى المخ، لأن العوامل النفسية والاجتماعية تتدخل وتعمل على تحريف المدركات، وتشويهها، أو عدم إدراكها كلية.

وفي ضوء ما سبق يمكن أن نقول أن الإدراك هو عملية عقلية يستخدم فيها الفرد خبراته السابقة وحاجاته الحالية وطموحاته في تفسير المؤثرات البيئية المحيطة به.

إن سبب حدوث الفجوة في التعامل والاتصال بين المرسل والمستقبل هو وجود الاختلاف بينهما في إدراك الحديث المتبادل، حيث أن الموضوع الواحد يتم إدراكه بطريقة مختلفة. فكل من المرسل والمستقبل يكون لهما رأي تجاه نفس الموضوع. والقاعدة المفيدة هنا: ضرورة احترام الاختلاف، واحترام الرأي الآخر، وأن الاختلاف في الرأي لا يفسد للود قضية، والتزام الموضوعية، وأن رأيك صواب يحتمل الخطأ، والرأي الآخر خطأ يحتمل الصواب.

الفصل الثاني

عناصر ووسائل وأنواع الاتصال

أشتمل هذا الفصل على:

- عناصر الاتصال.
- أنواع الاتصال.
- أنماط الاتصال.
- وسائل الاتصال.

عناصر الاتصال:

تتعدد مراحل عملية الاتصال وتتوزع هذه المراحل بين المرسل والمستقبل. فالمرسل على سبيل المثال (1) يحدد هدفه من الاتصال (2) يختار الفكرة (3) يختار وسيلة التعبير (4) يصيغ رسالته (5) يرسل رسالته.

باختصار يمكن تحديد ستة عناصر لعملية الاتصال، هي كالتالي:

1- هدف Aim : يجب أن يوجد هدف محدد وواضح لعملية الاتصال.

2- مرسل Sender : وهو باعث أو مصدر الرسالة للمستقبل.

3- مستقبل Receiver : وهو من يتلقى الرسالة من المرسل.

4- رسالة Message : وهو المعنى أو المعلومات أو الأفكار أو الآراء أو القرارات التي يريد المرسل توصيلها إلى المستقبل. وقد يعبر عن الرسالة بالاتصالات اللفظية ـ سواء شفهية أو مكتوبة ـ أو بالاتصالات غير اللفظية.

5- وسيلة Mean : وهي الأداء أو القناة أو الطريقة التي تتم من خلالها عملية الاتصال (مثل: المقابلات والاجتماعات والزيارات والاتصالات الهاتفية والتقارير...).

6- التغذية العكسية أو المرتدة أو إرجاع الأثر Feedback : وهي المعلومات التي يحصل عليها المرسل من المستقبل، والتي تتمثل على سبيل المثال في ردود أفعاله ودرجة فهمه ودرجة استجابته... وبناء على هذه التغذية العكسية يقوم المرسل بعمل بعض التعديلات اللازمة سواء في أسلوب اتصاله أو طريقة عرضه أو استخدام وسيلة اتصال أخرى، حتى يطمئن إلى أن المستقبل متجاوب معه في عملية الاتصال، وأن الرسالة المطلوب توصيلها تصل بالشكل المناسب والمتوقع للمستقبل، وأن المستقبل يفهم الرسالة...

7- مصادر التشويش: التشويش أو الضوضاء أو الضجة Noise التي قد تصدر عن البيئة الداخلية (المنظمة) أو البيئة الخارجية (المجتمع) لها تأثير سلبي على جميع

عناصر الاتصال السابق ذكرها. وقد يؤدي هذا التشويش أو الضوضاء أو الضجة إلى: تقليل الانتباه والتركيز والإنصات لدى كل من المرسل والمستقبل، وإلى تحريف المعنى وتقليل الوضوح والدقة في الاتصال...

ومن أمثلة التشويش أو الضوضاء أو الضجة نذكر:
● دخول وخروج أشخاص آخرين أثناء اتصال المرسل بالمستقبل.
● أصوات الهاتف المكتبي أو الجوار.
● الأعطال والتداخلات التي تحدث في الأجهزة السلكية واللاسلكية.
● أصوات عالية خارج قاعة الاتصال.

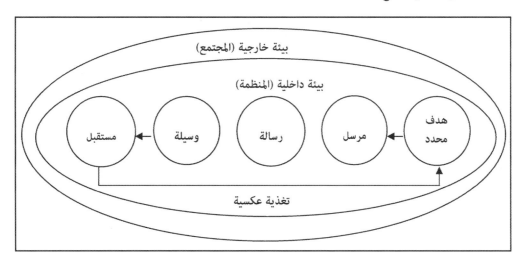

شكل رقم (2)

عناصر الاتصال

وهناك من يحدد عناصر الاتصال بشكل آخر - كما هو موضح في الشكل التالي - من خلال إعطاء أهمية أكثر لعملية الترميز Coding من جانب المرسل، وعملية فك الرموز والمعنى Decoding من جانب المستقبل.

25

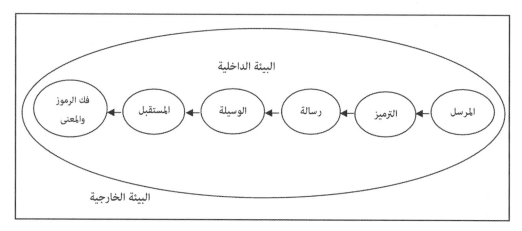

شكل رقم (3)
عناصر عملية الاتصال

أنواع الاتصال:

يأخذ الاتصال عدة أنواع أو أشكال يمكن تحديد بعضها كالتالي:

أولا: بحسب عدد أفراد المرسل والمستقبل:

1- المرسل فرد والمستقبل فرد.

2- المرسل فرد والمستقبل جماعة.

3- المرسل جماعة والمستقبل فرد.

4- المرسل جماعة والمستقبل جماعة.

ثانيا: بحسب طبيعة وأدوات الاتصال:

1- الاتصال اللفظي (شفهي أو مكتوب أو إلكتروني).

2- الاتصال غير اللفظي (سيتم شرح هذا النوع بالتفصيل في الفصل الخامس).

3- الاثنان معا.

ثالثا: بحسب مدى الرسمية:

1- اتصال رسمي.

2- اتصال شبه رسمي.

3- اتصال غير رسمي.

رابعا: بحسب اتجاه الاتصال:

1- اتصال رأسي:

أ - اتصال نازل/هابط.

ب- اتصال صاعد.

ج- الاثنان معا.

2- اتصال أفقي.

3- اتصال في اتجاه واحد.

4- اتصال في اتجاهين.

والآتي شرح لهذه الأنواع:

أولا: بحسب عدد أفراد المرسل والمستقبل:

يوجد هنا أربعة مواقف لذلك هي:

1- المرسل فرد والمستقبل فرد، ومن أمثلة ذلك مقابلة رئيس لمرؤوس، مقابلة أحد العاملين لأحد العملاء، مقابلة مدير إدارة الموارد البشرية لأحد المتقدمين لإحدى الوظائف الشاغرة في المنظمة،....).

2- المرسل فرد والمستقبل جماعة، ومن أمثلة ذلك مقابلة رئيس للمرؤوسين في إدارته، اجتماع رئيس العمال بمجموعة العمال لتوزيع العمل عليهم، اجتماع رئيس مجلس إدارة المنظمة مع العاملين بإحدى المواقع أو الفروع أو الإدارات أو تجميع العاملين في المنظمة...

27

3- المرسل جماعة والمستقبل فرد، ومن أمثلة ذلك مقابلة لجنة الاختيار والتعيين بأحد المرشحين لوظيفة شاغرة بالمنظمة.

4- المرسل جماعة والمستقبل جماعة، ومن أمثلة ذلك اجتماع بين ممثلي إدارة المبيعات مع ممثلي إدارة التدريب.

ثانيا: أنواع الاتصال حسب طبيعة وأدوات الاتصال:

1- الاتصال اللفظي: Verbal Communication

يستخدم الاتصال اللفظي الألفاظ والكلمات والجمل والعبارات في التواصل مع الآخرين، بمعنى أن الاتصال اللفظي يتمثل في نقل البيانات والمعلومات عن طريق استخدام اللغة، أو الكلمات المنطوقة والمكتوبة، بمعنى أنه يمكن أن يتم الاتصال في شكل شفوي، أو كتابي، أو إلكتروني.

أ ـ الاتصال الشفهي: Oral or Vocal Communication

يعبر الاتصال الشفهي عن تبادل الأفكار والبيانات والمعلومات بين المرسل والمستقبل باستخدام الكلمات المنطوقة. ومن أمثلة هذا الاتصال: الاتصال المباشر بين طرفي الاتصال Face to face communication الاجتماعات، التليفونات، المناقشات... إلخ.

ويسمح هذا النوع من الاتصال بالتعرف على ردود أفعال الذين يتلقون الرسالة، ويمكن تعديل القرار أو التعليمات بصورة فورية لتتلاءم مع الموقف بعد المناقشة، إلا أنه ـ من جهة أخرى ـ قد يتطلب تكلفة وجهدا أكبر، حيث يتطلب الأمر انتقال المدير أو مجموعة المرؤوسين إلى مكان اللقاء، كما يتطلب من المدير القدرة على مواجهة الموقف، والاستعداد لما قد ينتج عن المناقشات.

ب ـ الاتصال الكتابي: Written Communication

يعبر الاتصال الكتابي عن نقل الأفكار والبيانات والمعلومات باستخدام الكلمات المكتوبة، ومن أمثلة هذا الاتصال: التقارير، التعليمات، المذكرات، المنشورات المطبوعة، الرسائل التي تنقل من خلال شبكات الحاسب الآلي، رسائل الفاكس والتلكس.

وتسمح الاتصالات المكتوبة بنقل المعلومات إلى عدد كبير من الأفراد، مع إمكانية استيعابهم لها بسرعتهم الخاصة، هذا إلى جانب إمكان الرجوع إليها في المستقبل، كذلك تمكن من شرح هذه المعلومات بطرق مختلفة، مع تقدير الكثير من التفاصيل إن استدعى الأمر ذلك ـ مثال ذلك التقرير المالي الذي ينطوي على العديد من التفاصيل والأرقام، يفضل إيصالها عن طريق الكتابة.

ولكي يحقق هذا الاتصال الفعالية في نقل البيانات والمعلومات، يجب أن تكون الكتابة كاملة وتقدم كل المعلومات الضرورية، بجانب الوضوح في العرض والابتعاد كلية عن العبارات المحيرة أو المضللة التي قد تسبب سوء فهم القارئ، إضافة إلى حسن الصياغة وتجنب الأخطاء الإملائية والنحوية...إلخ.

ج ـ الاتصال الإليكتروني: Electronic Communication

أتاحت التطورات التكنولوجية المتلاحقة طرقا عديدة ومتنوعة لنقل الأفكار والبيانات والمعلومات بين الناس، كما أثرت الاتصال بوسائل عصرية كثيرة منها: شبكات الحاسب الآلي، آلات الفاكسميلي، البريد الصوتي Voice Mail، البريد الإليكتروني E-Mail ، الفيديو كاسيت، الشبكات التليفزيونية الخاصة، وتقنيات أخرى متقدمة، في طريقها أن تحل محل الوسائل التقليدية في الاتصال مستقبلا.

وتسمح هذه الاتصالات الحديثة بنقل كم هائل من المعلومات وبشكل أسرع، ولعدد كبير من الأفراد، فعلى سبيل المثال يساعد البريد الصوتي على توفير الوقت الذي يضيع في إعداد المكالمات التليفونية والرد عليها، كما تساعد شبكات المؤتمرات التليفونية في نقل الرسالة إلى عدد كبير من الناس في مواقع شتى دون تكاليف سفر أو وقت.

وبرغم ما تتيحه الاتصالات الإلكترونية من مزايا السرعة، والسهولة والكفاءة، وخفض التكاليف في نقل المعلومات، إلا أنه يجب ألا يفوتنا أنها لا تعدو أن تكون آلات أو وسائل، وأن المعلومات الدقيقة والمناسبة، والرسالة ذات الوصف الجيد، تصدر دائما من الإنسان، وأنه لا فائدة ترجى من هذه الوسائل الحديثة ما لم يكن الإنسان يجيد استعمالها.

جدول رقم (1)

مقارنة بين الاتصال الشفهي والكتابي

الاتصال الشفهي	الاتصال الكتابي
- سرعة الاتصال - إزالة الحواجز بين الرؤوساء والمرؤوسين - يوفر تغذية استرجاعية سريعة - يخدم أغراضا عديدة - يمكن من خلاله ملاحظة الاتصال غير اللفظي. - يمكن من التبادل الكامل - يضمن سرية المعلومات	- يعد بعناية - أقل عرضة للتحريف والتشويه - يمكن الرجوع إليه كوثيقة رسمية - يمكن أن يصل إلى عدد أكبر من العاملين بيسر (سهولة) - يمكن أن يوفر الجهد والتكلفة
وسائله: ● مقابلة ● ندوة ● اجتماع ● زيارة ● جلسة تدريبية ● اتصال هاتفي ● مؤتمر ● مؤتمر عن بعد	وسائله: ● تقرير ● خطاب ● مذكرة ● جداول ● تلكس ● تلغراف ● فاكس ● ملصقات

ثالثا: أنواع الاتصال حسب مدى الرسمية:

1- اتصال رسمي: Formal Communication

الاتصالات الرسمية هي الاتصالات التي تتم من خلال خطوط السلطة الرسمية في إطار الهيكل التنظيمي الذي تحدد فيه اتجاهات وقنوات الاتصال. وتتوقف فاعلية

الاتصالات الرسمية على اعتراف الإدارة بفاعليتها وفائدتها، وعلى توفر الوسائل التي تنقلها من وإلى العاملين في المنظمة وبين المنظمة وجمهور المتعاملين معها من خارج المنظمة.

ويساهم الاتصال الرسمي في تدفق المعلومات والتعليمات والتوجيهات والأوامر إلى المرؤوسين مع التعرف على وجهات نظرهم من خلال إرجاع الأثر.

2- الاتصال غير الرسمي: Informal Communication

الاتصالات غير الرسمية هي الاتصالات التي تنشأ في أي منظمة بطريقة تلقائية لما بين العاملين من علاقات اجتماعية وصداقات شخصية، فيتصل هؤلاء الأفراد ببعضهم البعض على هذا الأساس الشخصي التلقائي. وقد تكون بعض هذه الاتصالات نازلة وبعضها صاعدة وبعضها على المستوى الأفقي دون قيد أو شرط. ما دامت هناك علاقات تربط بين الأطراف المتصلة. وهذا التنظيم غير الرسمي لا يعترف بمستويات السلطة أو المراكز الرئاسية.

وهذا النوع من الاتصال يعتبر ظاهر عادية تحدث دائما في أي تجمع من الأفراد، بل ويعتبر حقيقة من ضرورات الحياة الاجتماعية. ومن خصائص هذا النوع السرعة الكبيرة التي تنتقل بها المعلومات إذ أن طبيعة خط سيره خلال اللقاءات والاجتماعات والاحتفالات تجعل نقل الأخبار يتم في وقت قصير جدا.

رابعا: أنواع الاتصال حسب اتجاه الاتصال:

1- الاتصال الرأسي: Vertical Communication

أ ـ الاتصال الرأسي الهابط (من أعلى إلى أسفل):

يمكن تفهم هذا النوع من الاتصالات الرسمية بالنظر للهيكل التنظيمي للمنظمة كمدرج هرمي للسلطة، حيث يمثل الاتصال أداة رئيسية في نقل الأوامر والتعليمات من الرؤساء إلى المرؤوسين حسب تدرج السلطة بالهرم التنظيمي. ويعتبر التسلسل التنظيمي في المنظمة من أهم العوامل التي تحكم سير وتحرك الرسالة في المنظمة فيما يتعلق بالاتصال الرأسي الهابط.

ومن أمثلته:

● شفهي: (التعليمات الشخصية/المقابلات/الاستشارات/التليفونات/ ...إلخ).

● كتابي: (الأوامر والتعليمات/التقارير السرية/الخطابات والمذكرات/دليل العاملين/ ..إلخ).

ب ـ الاتصال الرأسي الصاعد (من أسفل إلى أعلى).

تنتقل الرسالة في الاتصال الصاعد من أسفل إلى أعلى، وهو يعتبر مكملا للاتصال الهابط فتفتح الإدارة بذلك طريقا ذا اتجاهين بينها وبين العاملين. ويساعد هذا النوع من الاتصال على انجاز الكثير من المهام، حيث يبحث العاملون من خلاله إشباع الكثير من الحاجات الاقتصادية والاجتماعية، فيؤدي إلى تحقيق المزيد من إثبات الذات عن طريق زيادة التحرك الفعلي الصاعد في السلاسل التنظيمية.

فالمرؤوسون يرغبون في القرب من رؤسائهم، ويساعدهم الاتصال الرأسي الصاعد على تحقيق هذه الرغبات.

ومن أمثلته:

● شفهي: (المقابلات وجها لوجه/ التليفون/ الاستشارات/ الإشاعات/ الاجتماعات والمؤتمرات).

● كتابي: (الخطابات الشخصية/تقارير الأداء/ المذكرات/ نظم الاقتراحات/ الشكاوي والمظالم/المعلومات الإحصائية).

2- الاتصال الأفقي: Horizontal Communication

ركزت البحوث والدراسات في مجال الاتصالات الإدارية على الرأسي يتم بين الرئيس والمرؤوس أو بين المشرف والعاملين، أكثر من الاتصال الذي يتم بين الزملاء في نفس المستوى الإداري.

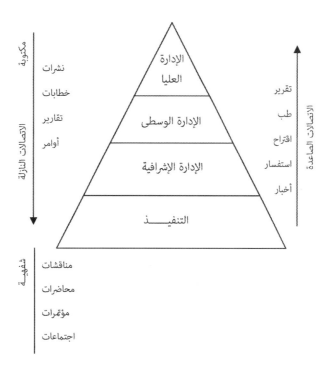

شكل رقم (4)
الاتصالات الصاعدة والنازلة داخل المنشأة

والاتصال الأفقي فيه تنتقل الرسالة بشكل أفقي بين العاملين في نفس المستوى الإداري، ويؤدي الاتجاه الأفقي للاتصال إلى إنجاز العديد من المهام في المنظمة، حيث يسمح بالتناسيق بين الإدارات المختلفة لتحسين الإنتاجية، ويعمل على حل العديد من المشكلات، مما يرفع الروح المعنوية لدى الأفراد ذوي العلاقة بالمشكلة، هذا إلى جانب المشاركة في تبادل المعلومات على نفس المستوى الإداري، وتحسين العلاقات المتداخلة والجانبية مما يقلل من احتمالات النزاع الوظيفي.

ومن أمثلته:

● شفهي: (استخدام التليفون ونظام المخاطبة الداخلي/ المحاضرات/ المؤتمرات/ اللجان/ المقابلات/ الإشاعات...إلخ).

● كتابي: (التقرير السنوي/ الخطابات/ المذكرات/ التقارير/ الإعلانات الملصقة/ لوحات الإعلانات...إلخ).

3- الاتصال في اتجاه واحد أو في اتجاهين:

ويمكن عقد مقارنة بين هذين النوعين في الاتصال كالتالي:

جدول رقم (2)
مقارنة بين الاتصال في اتجاه واحد أو في اتجاهين

الاتصال في اتجاهين	الاتصال في اتجاه واحد	المعيار (أو العامل)	م
أبطأ	أسرع	الوقت	1
أكثر	أقل	فهم الرسالة	2
أدق	أقل دقة	الدقة في التوصيل	3
أكثر ضوضاء	أهدأ	الضوضاء	4
أقل قلقا إيجابي	إحباط تنسيق قلق ـ توتر	المشاعر	5
إيجابي	سلبي	موقف المستقبلين من المرسل	6

أنماط الاتصال :

هناك أنماط عديدة من الاتصال يمكن تحديد بعضها كالتالي :

أولا : بحسب شكل شبكة العلاقات:

حدد جامس ستونر James Stoner خمسة أنماط للاتصال حسب شكل شبكة العلاقات بين المرسل والمستقبل Communication Networks، هي كالتالي :

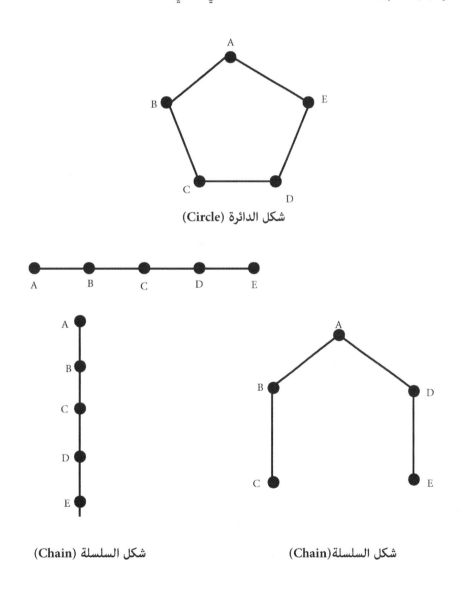

شكل الدائرة (Circle)

شكل السلسلة (Chain)   شكل السلسلة (Chain)

35

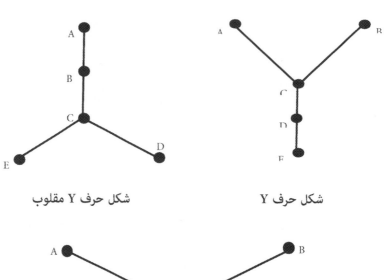

شكل حرف Y مقلوب   شكل حرف Y

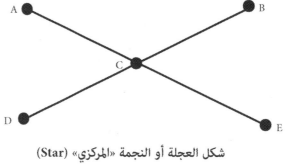

شكل العجلة أو النجمة «المركزي» (Star)

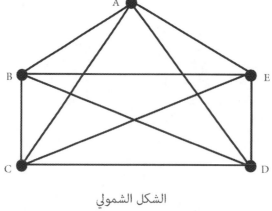

الشكل الشمولي

فعلى سبيل المثال فإن المدير في نمط الاتصال Y الاتصال والنجمة يستطيع أن يتحكم في المعلومات مبكرا جدا.

أما في شكل السلسلة، فإن احتمالات حذف المعلومات وقطعها تكون كبيرة جدا. وفي الشكل الدائري يمكن الحصول على المعلومات من أكثر من مصدر ولكن ما زالت محدودة. أما الشكل الشمولي فإنه يشجع الاتصالات الحرة بين جميع الأفراد.

ويوضح كل من عبد الفتاح الشربيني وأحمد فهمي جلال أهم الفروق بين بعض هذه الأنماط الاتصالية كالتالي:

جدول رقم (3)

أهم الفروق بين الاتصالات المركزية والدائرية والشمولية

نوع الاتصال / الخاصية	المركزي	الدائري	الشمولي
السرعة	سريعة جدا	بطئ	سريعة
الدقة	عالية	منخفضة	عالية
الروح المعنوية	منخفضة جدا	مرتفعة	منخفضة
وضوح القيادة	محدد بشكل قاطع	غير محدد	غير محدد
التنظيم	ثابت ومحدد	مرن ومتغير	مجدد ومتطور
المرونة	منخفضة جدا	مرتفعة	منخفضة

ثانيا: بحسب نتيجة عملية الاتصال :

حدد جاك جيب Jack Gibb نمطين رئيسيين للاتصال حسب نتيجة عملية الاتصال هما:

1- اتصال تدعيمي: Supportive

حيث تكون سلوكيات كل من المرسل والمستقبل إيجابية بما يدعم عملية الاتصال ويحقق النجاح لها في تحقيق أهدافها. ومن هذه السلوكيات نذكر: الحوار والنقاش المتبادل، وتقديم الوصف، والتركيز على حل المشكلات، والتعاطف، والمساواة...

2- اتصال دفاعي: Defensive

حيث تكون سلوكيات كل من المرسل والمستقبل سلبية بما يضعف عملية الاتصال ولا يحقق النجاح لها في تحقيق أهدافها. ومن هذه السلوكيات نذكر: النقد، عدم الإنصات، الدفاع عن الآراء حتى ولو كانت خاطئة، الإصرار على وجهة نظر معينة، عدم المرونة، عدم تقبل الآخر...

وسائل الاتصال :

هناك وسائل اتصال عديدة، نذكر منها :

1- الاتصال الهاتفي.
2- الاتصال وجها لوجه.
3- المقابلات.
4- الاجتماعات.
5- الندوات.
6- المؤتمرات.
7- التقارير.
8- الزيارات المنزلية
9- الزيارات الميدانية
10- الفاكس
11- الحاسب الآلي
12- التليكس

هذا ويمكن تقسيم وسائل الاتصال إلى وسائل اتصال مباشرة مثل: المقابلات والاجتماعات والندوات والزيارات، ....، ووسائل اتصال غير مباشرة مثل: الاتصال الهاتفي والفاكس والتليكس والحاسب الآلي...

ولكل وسيلة من هذه الوسائل من مميزات الاتصال الهاتفي أنه يحقق السرعة في الاتصال، وأنه اتصال من طرفين. ومن عيوب الاتصال الهاتفي أنه قد يساء فهم الرسالة، وأن المحادثة غير مسجلة، ولا يمكن الرجوع إليها مرة أخرى...

ومن مميزات الاجتماعات أنها وسيلة لعرض أفكار متعددة في وقت واحد، وأنه يمكن من خلالها استخدام أساليب التوضيح مثل الرسوم والأفلام والخرائط والتقارير... أما عيوب الاجتماعات فهي أنها قد تتحول إلى اتصال من طرف واحد، وقد تستهلك وقتا أكبر ـ مما هو مخطط له ـ من ساعات العمل...

ويتوقف اختيار الوسيلة المناسبة للاتصال بالآخرين على اعتبارات عديدة منها:

1- أهمية الرسالة.
2- دقة الرسالة.
3- نوع الرسالة المطلوب توصيلها.
4- السرعة المطلوبة في الاتصال (الفترة الزمنية المتاحة للمرسل).
5- السرية الواجب توافرها.
6- الحاجة إلى التوثيق.
7- التكلفة المناسبة.
8- أن تكون مناسبة للمستقبل.
9- مدى قرب أو بعد المستقبل.
10- عدد الأشخاص المطلوب الاتصال بهم.

وسائل الاتصال لدى متحدي الإعاقة:

الاتصال لدى متحدي الإعاقة يختلف من فئة إعاقة إلى أخرى، فكفيف البصر يعتمد على الاتصال اللفظي لغة الكلام Speech Language، وعلى حاسة اللمس في قراءة الكلمات، أو الأرقام المكتوبة (لغة القراءة Reading Language) بشكل بارز على شكل نقط (طريقة لويس برايل)، أو بطريقة تيلر التي تعتمد في أدائها على لوحة من البلاستيك أو المعدن تشتمل على فتحات في صفوف أفقية ورأسية، وكل فتحة على شكل مثمن ذي أركان ثمانية، ثم هناك أرقام تيلر المعدنية التي تشبه حروف الطباعة.

أما الأصم الأبكم فيعتمد على الاتصال غير اللفظي الذي قد يكون على شكل:

أ ـ لغة الشفاه Lips Language:

والتي تقوم على قراءة الشفاه، وتعتمد على قدرة الأصم على ملاحظة حركات الفم واللسان والحلق، وترجمة هذه الحركات إلى أشكال صوتية، وهذه الطريقة تعتمد اعتمادا أساسيا على مدى فهم المعاق سمعيا للمثيرات البصرية المصاحبة للكلام كتعبيرات الوجه، وحركة اليدين، ومدى سرعة المتحدث، ومدى ألفة موضوع الحديث للمعاق سمعيا.

ب ـ لغة الإشارة Sign Language:

وهي تعتمد على الإيماءات والإشارات وحركات الجسم التي تعبر عن الأفكار. وهذه اللغة عبارة عن رموز مرئية إيمائية تستعمل بشكل منظم، وتتركب من اتحاد وتجميع شكل اليد وحركتها مع بقية أجزاء الجسم، مثل الإشارة بالإصبع إلى أسفل للدلالة على «الردئ»، وإذا تم وضع الإصبع إلى أعلى فهذا يدل على «الحسن».

ج- لغة الأصابع Fingers Language:

وهي إشارات حسية مرئية بدوية للحروف الهجائية بطريقة متعارف عليها، وهي تقوم على فكرة أن كل حرف هجائي له شكل وحركة ووضع بالنسبة لأصابع الإنسان، ولذلك سميت بأبجدية الأصابع.

وتجدر الإشارة في هذا المجال، إلى أن من أهم المشكلات التي تعوق نمو العلاقة المهنية بين الأخصائي (مثل: الأخصائي الاجتماعي أو الأخصائي النفسي...) والمعاق سمعيا، عدم فهم الأخصائي للغة التي يعبر بها المعاق سمعيا عن نفسه، ولذا يجب على الأخصائي الذي يعمل في هذا المجال محاولة فهم هذه اللغة وتعلم أساليبها، لتحقيق درجة عالية من التفاعل وتكون العلاقة المهنية، التي يتوقف عليها نجاح العمل المهني.

د ـ لغة الكتابة Writing Language:

أما معظم فئات الإعاقة الأخرى فليس لديها غالبا مشكلة في استخدام الاتصال اللفظي وغير اللفظي معا.

ومن وسائل الاتصال الحديثة التي تم استخدامها بشكل كبير في أواخر القرن العشرين وبدايات القرن الحالي الحاسب الآلي Computer ، الذي تم تطوير مكوناته Hard Ware ، وتطوير بعض برامجه Soft Ware ، لمساعدة المعاقين على استخدامه في الدراسة ولتسهيل عملية الاتصال بينهم وبين المحيطين بهم.

فعلى سبيل المثال أدخل مركز معلومات مجلس الوزراء بجمهورية مصر العربية برنامج «برايل» Braille الناطق على جهاز الحاسب الآلي لمساعدة المكفوفين في مصر على التعلم بدون الاعتماد على المبصرين.

وسائل الاتصال لدى الكائنات الحية الأخرى:

يستخدم الإنسان في تفاعله مع أخيه الإنسان الاتصال اللفظي Verbal المتمثل في استخدام الألفاظ والكلمات، سواء كانت مقروءة أو مسموعة أو مرئية. أيضا يستخدم الاتصال غير اللفظي Non-Verbal المتمثل في الإشارات وتعبيرات الوجه وحركات الجسم ولغة العيون ورنين الصوت.

ويسمى الاتصال غير اللفظي أحيانا بلغة الجسم Body Language . والإنسان يستخدم الاتصال اللفظي أكثر من الاتصال غير اللفظي.

41

أما الحيوانات والزواحف والطيور فلديها لغة خاصة بها (اتصال لفظي) قد أنعم الله على سيدنا محمد ﷺ وسيدنا سليمان عليه السلام بفهمها.

فلقد فهم سيدنا محمد ﷺ شكوى الجمل من سوء معاملة صاحبه، كذلك سمع سيدنا سليمان النملة وتكلم مع الهدهد.

قال الله تعالى:" حتى إذا أتوا على واد النمل قالت نملة يا أيها النمل ادخلوا مساكنكم لا يحطمنكم سليمان وجنوده وهم لا يشعرون (18) فتبسم ضاحكا من قولها وقال رب أوزعني أن أشكر نعمتك التي أنعمت علي وعلى والدي وأن أعمل صالحا ترضاه وأدخلني برحمتك في عبادك الصالحين (19) وتفقد الطير فقال ما لي لا أرى الهدهد أم كان من الغائبين (20) لأعذبنه عذابا شديدا أو لأذبحنه أو ليأتيني بسلطان مبين (21) فمكث غير بعيد فقال أحطت بما لم تحط به وجئتك من سبإ بنبإ يقين (22) " (النمل: 18-22).

والحيوانات والزواحف والطيور تستخدم الاتصال غير اللفظي (لغة الجسم) أكثر من الاتصال اللفظي، فهي بذلك عكس الإنسان.

هذا بالنسبة للإنسان والحيوان والزواحف والطير، أما لغة التفاهم عند الحشرات والنباتات فهي تتم عن طريق الاتصال الكيميائي. فالحشرات والنباتات تستخدم مواد كيميائية معينة حتى تتفاهم فيما بينها. وكل مادة تعني أمرا معينا. فعلى سبيل المثال النحل يفرز مادة معينة عندما يشعر بوجود خطر يتهدده، والنملة تفرز حامضا معينا عندما تدعس، وذلك لتعلن لسربها عن وجود خطر يحيط به.

وشجرة التنباك تفرز مادة معينة لتحمي نفسها من الحشرات التي تهاجمها، وشجرة جوز الهند تفرز مادة معينة لا تستسيغها أغلبية الأعشاب والشجيرات فلا تنمو حول هذه الشجرة، وبذلك تضمن الغذاء الكافي لنفسها من التربة.

عودة أخرى إلى الاتصال لدى الحيوانات ـ فلقد أثبتت البحوث والدراسات في مجال علم الحيوان ـ كما تشير كرستين تمبل Christine Temple في كتابها عن المخ البشري ـ

أنه لا يوجد نوع حيواني يمتلك جهازا اتصاليا مماثلا لجهاز الاتصال البشري من حيث اتساع نطاق وتعقيد الرسائل التي في مقدوره التعامل معها. فثمة أنواع حيوانية كثيرة تستطيع التواصل من خلال عدد ثابت أو متغير من الرسائل الخاصة بموضوعات معينة.

وقد لقيت محاولات تعليم الشمبانزي والقرود التعامل مع جهاز اتصالي قائم على الإشارات، والتي استهدفت إثبات أن البشر لا ينفردون بامتلاك قدرة لغوية، نجاحا مبدئيا تلاه تشكك في صواب استنتاجاته. وعلى وجه العموم، فقد بينت هذه الدراسات أنه يمكن للأنواع الحيوانية الأخرى أن تتعلم قدرا كبيرا من المفردات التعي تحاول أن تستخدمها، في حدود معينة، في السياق الاتصالي، لكنها غير قادرة على تعلم النظام النحوي الملائم للربط بين تلك المفردات. واستخدامها للجهاز الاتصالي، في كثير من الحالات، يتم تقويته مباشرة بفعل الأشخاص الذي يتعاملون معها.

بينما في مقدور البشر أن يؤلفوا، من خلال المرونة في الجهاز الاتصالي، فضلا عن القدرة الهائلة للمخ على اكتساب هذا الجهاز الاتصالي واستخدامه، أسهمت بدرجة كبيرة في تقدم الإنسان. وأمخاخ الحيوانات ليست لديها القدرة على اكتساب مثل تلك المهارة.

..

الفصل الثالث

معوقات الاتصال

ومقترحات التغلب عليها

أشتمل هذا الفصل على:

- معوقات الاتصال.
- الوصايا العشر للاتصال الجيد.
- الأشياء التي يجب مراعاتها عند الاتصال بالآخرين.
- الأشياء التي يجب الامتناع عنها عند الاتصال بالآخرين.
- دور المدير في تحسين فعالية الاتصال بالمنظمة.

معوقات الاتصال :

هناك مواقف عديدة للاتصال مع الآخرين نذكر منها على سبيل المثال:

1- التعالي عند الحديث.

2- السيطرة على الحديث.

3- استخدام مصطلحات أو تعبيرات غير مناسبة.

4- استخدام عبارات النقد اللاذعة باستمرار.

5- محدودية الاتصال غير اللفظي.

6- عدم متابعة المرسل بالنظر إليه.

7- الإدراك الانتقائي.

8- قصور اهتمام المرسل.

9- قصور اهتمام المستقبل.

10- قصور وسائل الاتصال.

11- اختيار وسيلة الاتصال غير المناسبة.

12- عدم الإنصات من جانب المرسل أو المستقبل.

13- المقاطعة المستمرة عند الحديث.

14- التسرع في الحكم أو التعليق على كلام المرسل.

15- التهكم والسخرية.

16- الأحاديث الجانبية.

17- المجادلة خارج الموضوع.

18- ضعف القدرة اللغوية لدى المرسل أو المستقبل أو الاثنين معا.

19- الفروق الثقافية بين المرسل والمستقبل.

الوصايا العشر للاتصال الجيد:

هناك العديد من الوصايا لتحقيق الاتصال الجيد نذكر منها:

1- حدد أهدافك بوضوح من عملية الاتصال.

2- حدد بدقة إلى من تتحدث (المستقبل).

3- قم بإعداد الرسالة بشكل سليم وكامل.

4- اختر الوسيلة المناسبة لعملية الاتصال.

5- ليكن اتصالك وجها لوجه لتفادي سوء الفهم.

6- استخدام لغة بسيطة وواضحة.

7- لاحظ لغة الجسم Body Language لدى المستقبل.

8- تابع ردود أفعال المستقبل.

9- كن منصتا جيدا.

10- اختر الظروف المناسبة لعملية الاتصال.

الأشياء التي يجب مراعاتها عند الاتصال بالآخرين:

في برنامج تدريبي عن: «مهارات الاتصال الفعال» قدمته شركة بميك (مركز الخبرات الدولية المتكاملة) تم الإشارة إلى **بعض الأشياء التي يجب مراعاتها عند الاتصال بالآخرين كالتالي:**

1- تعلم كيف تعبر عن نفسك.

2- تعلم كيف تستخدم شخصيتك.

3- تعلم كيف تفكر في مشاكلك من جميع نواحيها.

4- تعلم كيف تفكر في طريقة تفكير موظف ما بالنسبة لقرار معين لأنك ستضطر إلى تفسير هذا الشيء عاجلا أو آجلا.

47

5- تعلم أن تلتزم بقراراتك بعد اتخاذها على أساس الحكم السليم والسير على سياسة الشركة بشكل منطقي.

6- تعلم كيف تجعل صوتك متسما بالثقة في النفس والهدوء واللطافة.

7- أفسح المجال للأشخاص للتعبير عن أنفسهم أو التراجع أو الاختلاف معك في الرأي بشكل صادق ومنطقي.

8- تعلم كيف تقدم أفكارك بالرغم من أن الآخرين قد لا يوافقون على هذه الأفكار أو يقتنعون بما تقوله.

9- تعلم كيف تتقبل الاختلاف في الرأي دون أن تغضب أو تستاء أو تصبح سلبيا تجاه الشخص الآخر.

10- تعلم كيف تتقبل أنه ليس كل شخص سيوافق على قراراتك.

11- تعلم أن تتكيف مع نتائج قراراتك.

الأشياء التي يجب الامتناع عنها عند الاتصال بالآخرين:

1- لا تتصرف كرئيس متسلط.

2- لا تستخدم السخرية.

3- لا تهدد.

4- لا تتصرف بغضب.

5- لا تتفوه بكلمات نابية.

6- لا تأخذ الأشياء من زاوية شخصية أو تحول الأشياء إلى مسائل شخصية.

7- لا تفقد هدوءك أو تتصرف كالخائف المذعور.

8- لا تأخذ موقفا لا يمكن أن تعدل عنه.

9- لا تفقد صبرك.

دور المدير في تحسين فعالية الاتصال بالمنظمة:

يؤكد كل علماء الإدارة والاتصال على مسئولية المدير في تحسين نظام الاتصالات بالمنظمة وجعله أكثر فعالية. وهذه المسئولية حددها على سبيل المثال كل من عبد الفتاح الشربيني وأحمد فهمي جلال في الآتي :

1- نظرة المدير الشاملة إلى المنظمة كنظام مفتوح من خلال ربط أهدافها بأهداف النظام ككل.

2- حسن نظرة المدير إلى الآخرين كنظرة صحية تتفق مع طبيعة المفاهيم الحديثة في الفكر الإداري من حيث كون الإنسان نشيطا وقادرا على الابتكار.

3- عدم حرص المدير على المعنى الجاف للسلطة وذلك من منطلق كونها مصدرا للقوة يستطيع من خلالها توقيع الجزاءات وإنزال العقوبات المختلفة بل يتعين أن يتمسك بالنظرة الأعمق للسلطة من حيث القدرة على الإقناع للعاملين وقد أثبتت الدراسات أن العمل القائم على الإقناع يتميز من حيث الكم والنوع بميزات أفضل من العمل القائم على الضغط.

4- تمسك المدير بالمعنى الأفضل لمفهوم الاتصالات مع عدم اقتصار النظرة على أنه مجرد نقل وتبادل الأفكار والمعلومات بصورة جافة.

5- عدم إغفال المدير للتنظيم والاتصال غير الرسمي.

6- النظر إلى النزاع داخل المنظمة على أنه ظاهرة طبيعية لا يمكن تجنب حدوثها.

7- القول المناسب في الوقت المناسب.

8- القدرة على الإصغاء واتباع قواعد الاستماع الجيد.

9- تجنب المناقشات الحادة والانفعال العاطفي مع المرؤوسين.

10- حسن استخدام المدير للألفاظ والمصطلحات في مجال العمل.

11- القدرة على التنسيق من حيث تبادل المعلومات مع الإدارات والأقسام الأخرى.

12- التمتع بمهارات إنسانية تتعلق بالاحتكاك اليومي في صورة اتصالات وعلاقات تفاعل ومهارات فنية خاصة بالعمل وأخرى تنظيمية وإدارية تنصب على الوضع والعلاقات التنظيمية بين إدارته وباقي الوحدات الإدارية وأخرى فكرية ترتبط بالقدرة على تحليل المعلومات ومواكبة التغييرات.

13- اتخاذ القرارات الإدارية السليمة مع الاعتماد على المعلومات السليمة في الوقت المناسب لمزاولة العملية الإدارية.

14- اليقظة والدراية بمجريات الأمور في بيئة العمل والقدرة على التصرف.

15- الاهتمام بالوقت ودراسة البدائل وتوزيع الوقت حسب الأولوية.

الفصل الرابع

الاتصال في بيئـة العمل

أشتمل هذا الفصل على:

- تعريف الاتصال في بيئة العمل.
- أهداف الاتصال في بيئة العمل.
- أهمية الاتصال في بيئة العمل.
- تخطيط الاتصال في بيئة العمل.
- الرسائل التي قد تحتويها الاتصالات المختلفة داخل المنظمة.
- وسائل الاتصال مع الجمهور الداخلي والخارجي للمنظمة.
- الاتصال بين العاملين في المنظمة.
- الاتصال مع العملاء.

تعريف الاتصال في بيئة العمل :

الاتصال المؤثر والمهم من أدوات الإدارة الحديثة. فلا يمكن أن نجد منظمة بدون اتصالات داخلية وخارجية. فعلى سبيل المثال نجد أن الاتصال الممتاز داخل المنظمة سيمكن جميع المدراء والعاملين من معرفة العمل المطلوب منهم ومتى وأين ولمن هذا العمل ومن المسئول عنه ..

وفيما يتعلق بتعريف الاتصال في بيئة العمل أو الاتصال الإداري كأحد أنواع الاتصالات، يمكن تقديم التعريفات التالية :

1- الاتصال هو «توفير وتجميع البيانات والمعلومات الضرورية لاستمرارية العمل. وتبادل هذه المعلومات بين العاملين والإدارات وتناقلها ونشرها».

2- الاتصال هو «تبادل المعلومات داخل المنشأة وخارجها من خلال شبكة من العلاقات المرتبط بعضها ببعض».

3- الاتصال هو «ربط العاملين والإدارات ببعض، وربط المنشأة بعملائها ربطا وثيقا ومستمرا ».

4- الاتصال هو «عملية نقل واستقبال المعلومات لتحقيق أهداف المنظمة».

5- الاتصال هو «عملية تبادل الحقائق والأفكار والآراء من شخص لآخر في المنظمة وذلك بطريقة مفهومة وواضحة».

6- الاتصال هو «عملية تبادل المعلومات والأفكار والمشاعر بين العاملين، وبينهم وعملاء المنظمة».

أهداف الاتصال في بيئة العمل :

الاتصال في بيئة العمل يهدف إلى تحقيق أهداف عديدة، نذكر منها :

1- استخدام الكلمات والحركات وغيرها لتبادل المعلومات.

2- وضع الأفكار في صياغة (رسالة) وفي وسيلة مناسبة بحيث يمكن أن يتفهمها الطرف الآخر ويتصرف بالشكل المطلوب.

3- (أ) إعلام المرؤوسين بالأهداف المطلوب تحقيقها والسياسات التي تقررت والبرامج والخطط التي وضعت والمسؤوليات والسلطات التي تحددت.

(ب) إعلام المرؤوسين بتعليمات خاصة بتنفيذ أعمال أو الامتناع عن تنفيذها بشكل معين في وقت معين.

(ج) إعلام الرؤساء بما تم أو يتم أو بالمشكلات التي ظهرت في التنفيذ وبالاقتراحات ومشكلات المرؤوسين بصفة عامة.

أهمية الاتصال في بيئة العمل :

الاتصالات داخل المنظمات مثل شرايين الدم التي تجري في جسم الإنسان، تحمل لخلاياه وأعضائه الغذاء والطاقة، وتطرد عنه السموم.

هذا ويمكن تحديد أهمية الاتصال في بيئة العمل في الآتي :

1- حاجة العاملين للمعلومات المختلفة في العمل.
2- حاجة العاملين للمشاركة الفعالة في العمل.
3- مزاولة العاملين لعملية الاتصال لإنجاز أهداف معينة.
4- مساعدة العاملين في إنجاز أعمال اليومية.
5- المساعدة في حل مشكلات العمل.
6- المساعدة في حل مشكلات العاملين.
7- توجيه العاملين ونصحهم وإرشادهم.
8- تحفيز العاملين.
9- استقبال الجمهور / العملاء.
10- تقديم السلع أو الخدمات إلى العملاء أو الزبائن أو المستهلكين..

هذا ويمكن أن نقول إنه من المستحيل أن تمارس مجموعة من الأفراد نشاطها بدون تبادل للمعلومات. وكما يقول سايمون (بدون اتصال لا تكون هناك منظمة) فالاتصال ضروري لإيصال المعلومات التي تبنى عليها القرارات. وإذا كان الاتصال ضعيفا أو غير مناسب كان القرار ضعيفا وغير مناسب.

وتقدير نسبة الوقت المخصص لعملية الاتصال مرتفع فهي تتراوح بين 75% إلى 90%. ينفق 5% من وقت الاتصال للكتابة، 10% للقراءة، 35% للتحدث، و50% للإنصات أو الاستماع، وهو الوسيلة الوحيدة للمديرين والرؤساء في إنجاز مهامهم، ولا يستخدمونه كفاية أو هدفا نهائيا وإنما لأنه الوسيلة الوحيدة لنقل المعلومات من طرف إلى طرف آخر: اجتماعات ـ لجان ـ خطابات ـ مذكرات ـ تقارير .. إلخ .

هذا وتتكون المنظمة من وحدات تنظيمية مختلفة تربط بينها خطوط اتصال في اتجاهين سواء على نفس المستوى أو على مستويات إدارية مختلفة. والمدير الناجح هو الذي يجيد مهارة الاتصال بأنواعه المتعددة. فهل أنت قادر على الاتصال الفعال ؟

تخطيط الاتصال في بيئة العمل:

تخطيط الاتصال Communication Planning عبارة عن مجموعة من الأسئلة يسألها المرسل لنفسه ويجيب عنها هي كالتالي:

لماذا Why
لماذا أريد أن أتصل؟
من Who
من الذي سأتصل به؟
ما الذي What
ما الذي أريد الاتصال من أجله؟
كيف How
كيف سأنقل الرسالة إلى المستقبل؟
أين Where
أين سيكون الاتصال؟
متى When
متى سأقوم بالاتصال؟

شكل رقم (5)

عناصر تخطيط الاتصال

الرسائل التي قد تحتويها الاتصالات المختلفة داخل المنظمة :

كما رأينا أن الرسالة Message إحدى عناصر عملية الاتصال، ويحرص المرسل على إعداد الرسالة بالشكل المناسب والمطلوب وتوصيلها إلى المستقبل كما يريد المرسل. وقدم كل من عبد الفتاح الشربيني وأحمد فهمي جلال أمثلة للرسائل التي قد تحتويها الاتصالات المختلفة داخل المنظمة:

جدول رقم (4)

أمثلة للرسائل التي قد تحتويها الاتصالات المختلفة داخل المنظمة

الاتصالات مع الرؤساء	الاتصالات مع الزملاء	الاتصالات مع المرؤوسين
1- تزويد الرؤساء بما يطلبه المرؤوس الرد على رسالة الرئيس.	1- تنسيق الأعمال والمجهودات معهم.	1- إصدار أوامر وتعليمات.
2- إخبار الرؤساء بما تم تنفيذه ومدى تقدم العمل	2- لتقديم المساعدة والعون في حل مشكلة معينة.	2- لإقناعهم بطرق عمل جديدة.
3- طلب المعاونة في حل مشكلة معينة.	3- لتزويدهم بمعلومات تساعدهم في أداء أعمالهم وتحسين الأداء.	3- لتقييم الأداء.
4- تقديم مجموعة من الأفكار لتطوير العمل والأداء.	4- للتعرف عليهم كأفراد.	4- لمكافأتهم، عقابهم، تأنيبهم
5- طلب توضيح تعليماتهم وأوامرهم.		5- لتوضيح التعليمات والأوامر.
		6- للتعرف عليهم كأفراد

وسائل الاتصال مع الجمهور الداخلي والخارجي للمنظمة :

تتسم وسائل Means الاتصال مع الجمهور الداخلي والخارجي لأي منظمة بالتعدد والتنوع. والقاعدة هنا هو ضرورة اختيار أفضل الوسائل وأنسبها لمخاطبة الجمهور مع مراعاة ظروف المنظمة وإمكاناتها المالية.. ويمكن تحديد أهم وسائل الاتصال بالجمهور الداخلي لأي منظمة فيما يلي :

1- المراسلات .

2- المرفقات.

3- المطبوعات.

4- النشرات.

5- الكتيبات.

6- لوحة الإعلانات.

7- المقابلات.

8- الاجتماعات.

9- الندوات.

10- الدورات التدريبية.

11- المؤتمرات.

12- صندوق الشكاوي.

13- صندوق المقترحات.

كذلك يمكن تحديد أهم وسائل الاتصال بالجمهور الخارجي لأي منظمة فيما يلي:

1- النشرات الدورية.

2- المراسلات.

3- الزيارات الميدانية.

4- زيارة الجمهور الخارجي للمنظمة.

5- الاجتماعات الخارجية مع الجمهور الخارجي.

6- الاجتماعات الداخلية مع الجمهور الخارجي.

7- الإعلانات في وسائل الاتصال الجماهيرية.

8- المسابقات.

9- الأفلام السينمائية عن المنظمة والمنتجات (سواء سلع أو خدمات) التي تقدمها.

10- عرض التقارير الهامة عن المنظمة (مثل: تقرير الأرباح، تقرير الحساب الختامي، تقرير مجلس الإدارة السنوي، ...) في وسائل الاتصال الجماهيرية.

الاتصال بين العاملين في المنظمة :

تعتبر القدرة على إقامة علاقات طيبة وقوية ومفيدة من القدرات المطلوبة في كل بيئات التفاعل الإنساني، وخاصة في بيئة العمل، وذلك لأن نجاح المنظمات ـ كما يشير هندري ويزنجر ـ لا يعتمد على الأداء الفردي للعاملين فقط، بل وعلى مقدرتهم على بناء علاقات عمل قوية وفعالة وحسن إدارتها. وسوف يتناول الكتاب هذا الموضوع بالتفصيل من خلال الحديث عن البنود التالية :

1- كيف تعمل بصورة أفضل ؟

2- مفتاحك للعلاقات الإنسانية: أنت مرؤوسك.

3- العلاقات الودية الدافئة.

4- الوصايا العشر للعلاقات الإنسانية الفعالة.

5- كيفية تحسين العلاقات والسلوك في بيئة العمل.

How to Work Better ..? ؟ كيف تعمل بصورة أفضل

1- Do one thing at a time	1- افعل شيء واحد في الوقت الواحد
2- Know the problem	2- اعرف وحدد المشكلة لمواجهتها
3- Learn to listen	3- تعلم فن الإنصات
4- Learn to ask questions	4- تعلم كيف تسأل الأسئلة
5- Distinguish sense from nonsense.	5- تعلم كيف تميز بين الشيء الحقيقي والشيء غير الحقيقي، بين الأسباب والنتائج، وبين الشيء الرئيس والشيء الفرعي
6- Accept changes as inevitable.	6- تقبل التغيير لأنه لا مفر منه وهو سنة واحدة.
7- Admit mistakes	7- اعترف بالأخطاء، لأنها أول خطو نحو علاجها
8- Say it simple	8- قل ما تريد ببساطة
9- Be calm	9- كن هادئ
10- Smile	10- ابتسم (تبسمك في وجه أخيك صدقة)
11- The sound mind in the sound body.	11- العقل السليم في الجسم السليم

مفتاحك للعلاقات الإنسانية أنت ومرؤوسوك

Your key to Human Relations You & Your Subordinates

لكل إنسان مفتاحه. فإن كان معك المفتاح استطعت أن تنفذ إلى أعماق الشخص وإن تحقق هدفك من التعامل معه. والمفتاح هو أسلوب التعامل الذي يناسب الشخصية، ويخاطب الحاجات ناقصة الإشباع، ولا يمكن أن تنجح في التعامل مع شخص دون أن تفهم شخصيته ولا يمكن أن تنجح مع كل الناس إذا تعاملت معهم بأسلوب واحد.

● Listen them Out	● أنصت لهم
● Understand their Feelings	● افهم مشاعرهم
● Motivate their Desires	● حرك دوافعهم
● Accept their Personalities	● تقبل شخصيتهم
● News	● زودهم بالمعلومات
● Train their Abilities	● درب قدراتهم
● Organize their Efforts	● نظم جهودهم
● Uniqueness	● راع مبدأ التفريد
● Communicate With them	● اتصل بهم
● Honour their Achievements	● قدر إنجازاتهم

العلاقات الودية الدافئة :

إن العلاقات الودية الدافئة ضرورية في العمل حتى يمكن أن ينجز الأشخاص أعمالهم معا بأسلوب التعاون والمشاركة، فالصراعات بين الزملاء تضيف ضغوطا جديدة إلى الضغوط الموجودة دائما في أماكن العمل.

إن تقليل حدة الإجهاد والضغط النفسي أمر هام لسبب واحد وهو خلق علاقات عمل صحيحة مع الآخرين.

وإذا كنت تأمل في التقدم في مجال الإدارة أو الوصول إلى منصب أعلى في المنظمة التي تعمل بها فأنت في حاجة إذن إلى علاقات عمل إيجابية مع كل من حولك بدءا من الزملاء وحتى الرؤساء كما أن الترقي للمناصب الإدارية يتطلب مهارات قيادية وخاصة القدرة على التأثير في الآخرين وحثهم على اتباع خطواتك أو قيادتك.

ولن تستطيع التقدم في مكان عملك إلا إذا كان لديك شبكة من الدعم والتأييد وأشخاص مخلصون على استعداد للعمل معك، والعلاقات الحسنة تؤدي إلى إمكانية وجود هذه الشبكة.

طرق بناء علاقات أفضل في العمل :

هناك العديد من الطرق لبناء علاقات أفضل في العمل نذكر منها :

تمرين :

1- حدد لنفسك النقاط المهمة في علاقاتك مع الآخرين.

....

....

....

....

تمرين :

2- حدد الفوائد التي ستعود عليك وعلى الآخرين وعلى المنظمة ككل في حالة وجود علاقات أفضل في العمل :

أ ـ فوائد تعود عليك:

....

....

....

....

ب ـ فوائد تعود على الآخرين:

....

....

....

ج ـ فوائد تعود على المنظمة ككل:

....

....

....
....

تمرين :

3- ادع الآخرين للتحدث عن أنفسهم وأنصت لكل ما يقولون:

....
....
....
....

تمرين :

4- أظهر تقديرك واهتمامك بالآخرين كأفراد..

ما هي النتائج الإيجابية المترتبة على ذلك ؟

....
....
....
....

تمرين :

5- اجعل من نفسك عاملا يشجع ويحدث الآخرين على العمل ..

ما هي أساليب هذا التشجيع والحث التي يمكن استخدامها ؟

....
....
....
....

تمرين :

6- شارك الآخرين في اهتماماتهم ..

كيف تشارك الآخرين اهتماماتهم ؟

....

....

....

....

الوصايا العشر للعلاقات الإنسانية الفعالة :

1- ابتسم للناس.. فالعبوس والتجهم يتطلب تحريك 72 عضلة.. والابتسامة تتطلب أربع عضلات فقط.

2- تحدث إلى الناس.. فلا يوجد أجمل من عبارات التحية والمودة.

3- اذكر أسماء الناس عند التحدث إليهم.. فأجمل وأعذب الموسيقى في الأذن هي سماع الشخص لاسمه من الآخرين.

4- كن صديقا نافعا.. إذا كنت ترغب أن يكون لك أصدقاء...

5- اهتم بالناس بصدق.. فسوف تحب كل واحد منهم إذا حاولت بإخلاص.

6- كن سخيا في التقدير.. حذرا في النقد.

7- يوجد عادة ثلاث أوجه لكل خلاف: وجهة نظرك.. وجهة نظر الطرف الآخر.. ووجهة النظر السليمة.

8- كن نشطا في تقديم خدماتك.. فأفضل ما يحسب لك في الحياة هو ما تقدمه للآخرين.

9- تعلم أن تثق في قدرات الناس.. فالثقة تبني علاقات تدوم للأبد

10- أضف لكل ما سبق روح الدعابة والمرح.

63

كيفية تحسين العلاقات والسلوك في بيئة العمل:

How to Improve Relationships and Behaviours in the Work Environment

هناك طرق وأساليب عديدة لتحسين العلاقات والسلوك في بيئة العمل نذكر منها:

1- أسلوب تطبيق الإدارة بالحب.

2- أسلوب تطبيق الإدارة بالمرح.

3- بناء وتدعيم الولاء المؤسسي لدى العاملين بالمنظمة.

4- بناء وتدعيم ولاء العملاء للمنظمة.

5- الاهتمام بالدورات التدريبية للعاملين بالمنظمة.

6- تهيئة البيئة الجغرافية للبيئة الداخلية للمنظمة.

7- تهيئة البيئة الجغرافية المحيطة بالمنظمة.

8- تطبيق أسلوب الإدارة بالمشاركة.

الاتصال مع العملاء :

العمل بنجاح مع العملاء Clients أو الزبائن أو المستهلكين أو المستفيدين أو المراجعين أو ما نطلق عليه أحيانا الجمهور، علم وفن. فهو علم من منطلق أن التعامل مع الناس يحتاج إلى الدراسة والمعرفة والفهم لخصائص الناس وشخصياتهم ودوافعهم وسلوكياتهم..

وهو فن من منطلق أن التعامل مع الناس يحتاج إلى اكتساب مجموعة من المهارات مثل : مهارة الاتصال الفعال، مهارة الحديث، مهارة الإقناع، مهارة الإنصات، مهارة فهم لغة الجسم ..

وهذه المعرفة والقدرة لا تأتي من فراغ وإنما من خلال القراءة والمحاولة والتدريب ... والموظفون الذين يحققون النجاح في علاقتهم بالعملاء يصنعون ولا يولدون .

والعملاء في حاجة إلى الفهم والاحترام والعلاقات الإنسانية الطيبة، بالإضافة إلى الحصول على السلعة الجيدة أو الخدمة المتميزة التي جاءوا أصلا من أجلها.

من هم عملاء المنظمة ..؟ .. تصنيف العملاء :

● عميلك الخارجي.. الذي تعامل معك في الماضي، والذي يتعامل الآن، والذي سوف يتعامل، والذي يجب أن يتعامل، والذي لا يريد أن يتعامل.. مع منظمتك.

● عميلك الداخلي.. الذي توفر له شيئا ما.. خدمة أو معلومة أو منتج.. داخل وخارج إدارتك.. سواء كان مرؤوسا أو رئيسا أو زميلا.

● الموردون .. الخارجيون أو الداخليون.. الذين يوفرون لك شيئا ما.. خدمة أو معلومة أو منتج.. ماذا يحتاج ليوفر لك ما تحتاج إليه .. ؟

● المساهمون .. أصحاب الملكية .. ماذا يحتاجون منك ليستمروا في الاستثمار في منظمتك ؟ .. وأيضا لزيادة استثماراتهم فيها؟

● المنظمات الرسمية.. كافة المؤسسات الحكومية والتشريعية والقضائية.. كيف تحقق متطلباتها.. في شكل الالتزام بالدستور والقوانين والتعليمات..؟

● المنظمات غير الرسمية .. مثل الجمعيات الخيرية وحماية المستهلك والفئوية.. إلخ.. كيف تساعدها وتحقق متطلباتها وتوقعاتها ..؟

● المجتمع والبيئة .. كيف تحمي البيئة من التلوث بكافة أنواعه، كيف تساهم منظمتك في خدمة المجتمع، كيف تساهم منظمتك في تدعيم الاقتصاد القومي ...

مراحل الاهتمام بالعملاء :

يمكن تحديد مراحل اهتمام المنظمات بالعملاء كالتالي :

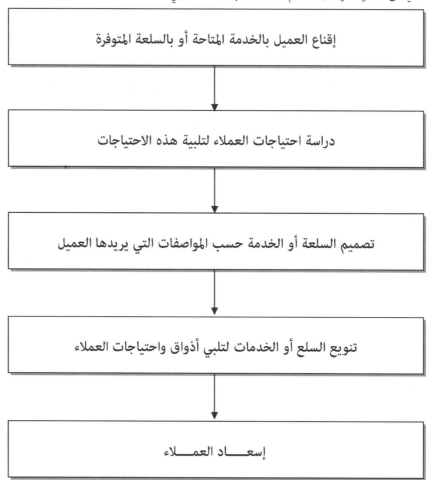

إقناع العميل بالخدمة المتاحة أو بالسلعة المتوفرة

دراسة احتياجات العملاء لتلبية هذه الاحتياجات

تصميم السلعة أو الخدمة حسب المواصفات التي يريدها العميل

تنويع السلع أو الخدمات لتلبي أذواق واحتياجات العملاء

إسعـــــاد العمــــلاء

شكل رقم (6)

مراحل الاهتمام بالعملاء

الاتجاهات المعاصرة في التعامل مع العملاء:

يمكن رصد بعض الاتجاهات المعاصرة في التعامل مع العملاء في الآتي:

1- الاهتمام بآراء ومقترحات العملاء.

2- الاهتمام بشكاوي العملاء.

3- إشراك العملاء في إدارة المنظمة.

4- رفع شعار العميل أولا.

5- التطبيق الحقيقي لمبدأ العميل دائما على حق أو على صواب.

6- كسب رضا العملاء.

7- تلبية توقعات العملاء.

8- إسعاد العملاء.

كيف تكسب ثقة العميل ؟

لكسب ثقة العميل تحتاج إلى تكوين ثلاث قيم هي: قيمة الأداء وقيمة السعر وقيمة سهولة التعامل. ومن ناحية قيمة الأداء، يبحث العملاء دوما عن السلع والخدمات التي تلبي مطالبهم وتقدم لهم النتائج المطلوبة وبالنسبة لقيمة السعر، يحرص العملاء حرصا بالغا على دفع سعر معقول والاطمئنان إلى أن التكاليف التي سيتحملها في سبيل الحصول على السلعة أو الخدمة أقل ما يمكن.

ومن ناحية قيمة سهولة التعامل مع المنظمة، فإن العملاء يجدون راحة كبيرة عندما يجدون أن المنظمة قريبة منهم، وإجراءات الحصول على السلعة أو الخدمة قليلة، وسهولة الاتصال بالمنظمة، وسرعة الاستجابة، وروح التعامل الشخصي مع العملاء..

كيف تحافظ على عملاءك ؟

هناك أساليب ووسائل عديدة يمكن أن تسترشد بها وتتمسك بها حتى تحافظ على عملاءك، نذكر منها:

1- المعاملة الممتازة.

2- السعر المناسب.

3- السلعة الممتازة.

4- الخدمة المتميزة.

5- الوفاء بالوعود.

6- الشفافية في التعامل.

7- أرسل خطابات وكروت التهنئة في المناسبات المختلفة.

8- إبلاغ عملاءك بالإنجازات التي نفذتها المنظمة مؤخرا.

9- الرد على أسئلة العملاء بصورة موضوعية وسريعة.

10- الوفاء بالوعود التي قطعتها المنظمة على نفسها أمام عملاءها.

11- عدم تأخير حل مشكلات العملاء أبدا.

12- دعوة العملاء وغير العملاء للاتصال بالمنظمة.

13- مشاركة العملاء في مناسبات المنظمة ومناسباتهم الخاصة.

14- استشارة العملاء في بعض مشاريع المنظمة.

15- ناد كل عميل بأحب الأسماء إليه.

16- خذ وقتا كافيا مع كل عميل.

لماذا ينفعل العملاء أحيانا؟

ينفعل أحيانا العملاء لأسباب عديدة منها:

1- سوء المعاملة.

2- سوء السلعة.

3- سوء الخدمة.

4- سوء الإدارة.

5- عدم توفر السلعة.

6- عدم توفر الخدمة.

7- عدم وجود الموظف القائم على تقديم السلعة أو الخدمة.

8- عدم نظافة المكان.

9- ضيق المكان.

10- كثرة عدد العملاء الذين يخدمهم الموظف.

11- طوابير الانتظار.

تخلص من خطايا الخدمة السيئة :

في هذا الشأن يمكن أن نقدم لك النصائح التالية والتي يمكن أن تساعدك في التخلص من خطايا الخدمة السيئة:

1- اللامبالاة.

2- التخلص من العميل.

3- البرود.

4- التعالي.

5- الآلية.

6- اللوائح.

7- التملص والمراوغة.

8- نقد الزملاء.

9- نقد المنظمة.

10- نقد العميل.

11- عدم تطبيق الشعارات.

استقصاء : هل علاقتك بالعملاء ممتازة ؟

إذا كنت تتعامل في وظيفتك مع العملاء أو الزبائن، وتريد أن تقيس درجة علاقتك بهم، فأجب عن هذه الأسئلة .

الاستقصاء :

1- هل تستمتع بحق بالعمل من أجل خدمة الآخرين ؟

نعم ❑ أحيانا ❑ لا ❑

2- هل تضع العميل في مركز الاهتمام المطلوب ؟

نعم ❑ أحيانا ❑ لا ❑

3- هل أنت مقتنع بشعار «العميل أو الزبون دائما على حق»؟

نعم ❑ أحيانا ❑ لا ❑

4- هل ترى أن أساس وظيفتك هو العلاقات الإنسانية مع العملاء؟

نعم ❑ أحيانا ❑ لا ❑

5- هل في معظم الأحوال تكون مبتسما في وجه الآخرين ؟

نعم ❑ أحيانا ❑ لا ❑

6- هل تكون سعيدا عندما تنهي أعمال العملاء بنجاح ؟

نعم ❑ أحيانا ❑ لا ❑

7- هل تحافظ على مظهرك ؟

نعم ❑ أحيانا ❑ لا ❑

8- هل تعتذر للعملاء في حالة تأخير معاملاتهم أو لوقوع خطأ ما ؟

نعم ❑ أحيانا ❑ لا ❑

9- هل تتحكم في انفعالاتك ومزاجك في معظم الأوقات عند التعامل مع العملاء؟

نعـم ☐   أحيانا ☐   لا ☐

10- هل تعلم أن أول مبدأ من مبادئ الجودة الشاملة هو كسب رضاء العملاء؟

نعـم ☐   أحيانا ☐   لا ☐

11- هل لديك صعوبات في التعامل مع العملاء ؟

نعـم ☐   أحيانا ☐   لا ☐

12- هل تفضل الانتقال إلى وظيفة أخرى لا يوجد بها تعامل مع العملاء؟

نعـم ☐   أحيانا ☐   لا ☐

التعليمات :

1- أعط لنفسك درجتان في حالة الإجابة بـ «نعم»، ودرجة واحدة في حالة الإجابة بـ «أحيانا»، وصفر في حالة الإجابة بـ «لا» عن جميع الأسئلة ماعدا السؤالين 11 و 12.

2- اعط لنفسك درجتان في حالة الإجابة بـ «لا» ، ودرجة واحدة في حالة الإجابة بـ «أحيانا»، وصفر في حالة الإجابة بـ «نعم» عن السؤالين 11 و12.

3- أجمع درجاتك عن جميع الأسئلة.

تفسير النتائج :

1- إذا حصلت على 17 درجات فأكثر ، فأكثر فإن علاقتك بالعملاء ممتازة. وتحب العمل معهم وخدمتهم. ننصحك بالاستمرار على نفس الوتيرة.

2- إذا حصلت على 9-16 درجات فإن علاقتك بالعملاء متوسطة. ننصحك بمراجعة الاستقصاء مرة أخرى لتعرف نقاط الضعف في علاقتك بالعملاء. وهذه هي البداية لتقوم بتعديل نفسك وتطويرها.

3- إذا حصلت على أقل من 9 درجات فإن علاقتك بالعملاء سيئة. وبلا شك فأنت تعاني من ممارسة وظيفتك الحالية والعمل مع العملاء يمثل اختيارا وظيفيا غير موفق بالنسبة لك. ولذلك ننصحك بأن تطلب الانتقال إلى وظيفة أخرى لا يكون الأساس فيها التعامل مع العملاء.

استقصاء : ما اتجاهاتك نحو خدمة العملاء ؟

الاستقصاء التالي وضعه كل من جيرالد جرينبرج وروبرت بارون ليساعدك على معرفة اتجاهاتك الحقيقية تجاه خدمة العملاء في المنظمة التي تعمل بها.

توجيهات :

أجب عن الأسئلة بأمانة قدر استطاعتك. استخدم المقياس الآتي:

1= إطلاقا. 2= نادرا أو قليلا. 3= بدرجة متوسطة.

4= بدرجة كبيرة. 4 = إلى درجة مفرطة / إلى حد بعيد جدا.

بصفة عامة ، إلى أي مدى :	1	2	3	4	5
1- هل يعتقد عملاؤك أنك أمين ومخلص ؟					
2- هل يعتقد عملاؤك أنك شخص يعتمد عليه؟					
3- هل يفضل عملاؤك التعامل معك إذا كان بإمكانهم التعامل مع شخص آخر؟					
4- هل يعتقد عملاؤك أنك تهتم بما يفضلونه ؟					
5- هل تتعامل مع شكاوي العملاء بطريقة مرضية؟					
6- هل تشعر بمتعة عندما تقوم بحل مشكلة لأحد عملاءك؟					
7- هل يعتبرك عملاؤك مصدرا من مصادر المعلومات الخاصة بالمنتجات والصناعة التي تعمل فيها؟					
8- هل يصلك تعليقات إيجابية من عملائك ؟					
9- هل تهتم بأن يحصل عملاؤك على أفضل صفقة ممكنة؟					
10- هل تريد أن ترى السرور على عملائك لأنهم تعاملوا معك ؟					

التعليمات :

اجمع الدرجات الممثلة لإجابتك عن هذه الأسئلة، ستتراوح درجاتك ما بين 10 و 50 درجة.

تفسير النتائج :

1- إذا حصلت على 38 درجة فأكثر فإن اتجاهاتك نحو خدمة العملاء إيجابية ومتميزة.

2- إذا حصلت على 24-37 درجة فإن اتجاهاتك نحو خدمة العملاء متوسطة وعادية.

3- إذا حصلت على 23 درجة فأقل فإن اتجاهاتك نحو خدمة العملاء ضعيفة وسلبية.

أسئلــة:

1- ماذا يخبرك هذا الاستقصاء عن اتجاهاتك في مجال خدمة العملاء؟

2- هل تعتقد أن الآخرين سيعطونك نفس التقييم؟

3- ما موقفك في مجال الاتجاهات نحو خدمات الآخرين بالمقارنة باتجاهات زملائك؟

4- ما تأثير التكنولوجيا الحديثة على المدخل الذي تستخدمه لخدمة العملاء؟

استقصاء : هل العميل في بؤرة الاهتمام ؟

توجيهات :

أجب عن الأسئلة بأمانة قدر استطاعتك. استخدم المقياس الآتي:

1= غير موافق تماما   2= غير موافق   3= غير محدد

4= موافق   4 = موافق بشدة

العبـــــارة	1	2	3	4	5
1- نستطيع معرفة احتياجات العملاء					
2- قادرون على تلبية أو إشباع هذه الاحتياجات					
3- متفهوم لقيم عملائنا					
4- نفعل كل ما بوسعنا لنضمن ولاء عملائنا					
5- حريصون على تقديم أفضل السلع والخدمات					
6- حريصون على كسب رضاء عملاؤنا					
7- جادون في تحديد الأسعار المناسبة للسلع أو الخدمات التي نقدمها.					
8- حريصون على معرفة آراء ومقترحات عملاؤنا					
9- حريصون على دراسة شكاوى عملاؤنا وأسبابها					
10- جادون في حل هذه الشكاوي					

التعليمات :

اجمع الدرجات الممثلة لإجابتك عن هذه الأسئلة، ستتراوح درجاتك ما بين 10 و 50 درجة.

تفسير النتائج :

1- إذا حصلت على 38 درجة فأكثر فإن العميل في منظمتك في بؤرة الاهتمام بدرجة كبيرة.

2- إذا حصلت على 24-37 درجة فإن العميل في منظمتك في بؤرة الاهتمام بدرجة متوسطة.

3- إذا حصلت على 23 درجة فأقل فإن العميل في منظمتك ليس في بؤرة الاهتمام. وهذا خطأ كبيرا. فسوف يترك العملاء منظمتك ويذهبون إلى منظمات أخرى.

استقصاء : هل أنت ناجح في عملك ؟

أجب من فضلك «بنعم» أو «أحيانا» أو «لا» عن الأسئلة التي ستقيس درجة نجاحك في عملك:

1- هل تفعل شيئا واحدا (مهمة واحدة) في الوقت الواحد .... ؟

نعـم ❑ أحيانا ❑ لا ❑

2- هل تقيم ما تفعله كل يوم في عملك ؟

نعـم ❑ أحيانا ❑ لا ❑

3- هل تحاول أن تبتكر أساليب أو أشكالا أو طرقا جديدة في عملك ؟

نعـم ❑ أحيانا ❑ لا ❑

4- هل تحترم رؤساءك في أغلب الأحوال ؟

نعـم ❑ أحيانا ❑ لا ❑

5- هل تتعاون مع زملاؤك عندما يتطلب الأمر ذلك ؟

نعـم ❑ أحيانا ❑ لا ❑

6- هل يستشيرك زملائك في بعض أمور العمل ؟

نعـم ❑ أحيانا ❑ لا ❑

7- هل معدل غيابك عن العمل قليل جدا ؟

نعـم ❑ أحيانا ❑ لا ❑

8- هل تأتي مبكرا إلى عملك في معظم الأحيان ؟

نعـم ❑ أحيانا ❑ لا ❑

9- هل يلجأ لك رئيسك عند حدوث مشكلات في العمل ؟

نعـم ❑ أحيانا ❑ لا ❑

10 - هل تسعى لأن يرشحك رئيسك لدورة تدريبية سوف ترفع من كفاءتك في العمل ؟

نعم ☐   أحيانا ☐   لا ☐

11- هل تتمنى أن تحصل على موقع رئاسي في مكان عملك ؟

نعم ☐   أحيانا ☐   لا ☐

12- هل تعرف القوانين واللوائح المنظمة لعملك وتحتفظ بنسخة منها؟

نعم ☐   أحيانا ☐   لا ☐

13- هل قدمت أفكارا جديدة ساهمت في تحسين العمل في الإدارة أو المؤسسة التي تعمل بها ؟

نعم ☐   أحيانا ☐   لا ☐

14- هل تعرف العلاقة بين عملك الذي تقوم به وكيف يساهم في تحقيق أهداف مؤسستك ؟

نعم ☐   أحيانا ☐   لا ☐

15- هل تشعر بالسعادة في عملك ؟

نعم ☐   أحيانا ☐   لا ☐

16- هل تقرأ الصحف والمجلات أثناء وقت العمل ؟

نعم ☐   أحيانا ☐   لا ☐

17- هل تقوم بإجراء مكالمات تليفونية شخصية أثناء وقت العمل ؟

نعم ☐   أحيانا ☐   لا ☐

18- هل تدير وقت العمل بشكل جيد ؟

نعم ☐   أحيانا ☐   لا ☐

19- هل ترى نفسك مخلصا في عملك ؟

نعم ☐   أحيانا ☐   لا ☐

20- هل شعارك التخطيط والتنظيم لكل شيء ؟

نعم ☐ أحيانا ☐ لا ☐

التعليمات :

1- أعط لنفسك درجتان في حالة الإجابة بـ «نعم»، ودرجة واحدة في حالة الإجابة بـ «أحيانا»، وصفر في حالة الإجابة بـ «لا» عن جميع الأسئلة ما عدا السؤالين 16و17 فتعطي لنفسك درجتان في حالة الإجابة بـ «لا»، ودرجة واحدة في حالة الإجابة بـ «أحيانا»، وصفر في حالة الإجابة بـ «نعم».

2- اجمع درجاتك عن جميع الأسئلة.

تفسير النتائج :

أ- إذا حصلت على 28 درجة فأكثر فأنت ناجح في عملك، استمر على ذلك فأنت تعرف وصفة النجاح... انتبه إلى بعض المضايقات من زملائك حتى لا تعوق مسيرتك.

ب- إذا حصلت على 14-27 درجة فأنت ناجح في عملك بدرجة متوسطة. لديك بعض مقومات النجاح. حاول أن تستكمل الباقي، ويمكنك الرجوع إلى الاستقصاء مرة أخرى للتعرف عليها.

ج- إذا حصلت على 13 درجة فأقل، فأنت غير ناجح في عملك، العمل لديك توقيع بالحضور والانصراف والتواجد بالجسم لا بالعقل والقلب لابد أن تغير من أسلوبك في العمل. ننصحك أن تحب عملك وأن تخلص له فهو يمثل جزءا من حياتك ومورد رزقك.

عليك أن تتعلم وتسأل وتحاول وسوف تنجح. النجاح ليس مقتصرا على أناس دون أناس آخرين.

اطلب من رئيسك أن يساعدك وابدأ هذا التغيير من الآن، ولتكن أول خطوة الاشتراك في برنامج أو دورة تدريبية ترفع من مستوى أدائك.

الفصل الخامس

الاتصال غير اللفظي « لغة الجسم »

أشتمل هذا الفصل على:

- 📖 مقدمـــة.
- 📖 تعريف لغة الجسم.
- 📖 تسميات مكافئة وشارحة لمصطلح لغة الجسم.
- 📖 الجذور التاريخية لعلم لغة الجسم.
- 📖 أهمية لغة الجسم .
- 📖 مهارات لغة الجسم.

مقدمـة :

الاتصال غير اللفظي Non-Verbal Communication ـ عكس الاتصال اللفظي ـ لا يعتمد على الألفاظ والكلمات والجمل والعبارات، ولا يستخدم اللغة المنطوقة أو المكتوبة في التواصل مع الآخرين.

وإنما يتمثل الاتصال غير اللفظي في أي استجابة إنسانية غير كلامية مثل: الإشارات والإيماءات وتعبيرات الوجه..

بمعنى أنه أي رسالة ترسل وتستقبل مستقلة عن الكلمة المنطوقة أو المكتوبة، وتتضمن عوامل أخرى مثل مظهر كل من المرسل والمستقبل، والمسافة بينهما، والمواقع، والمكان، واستخدام الوقت... وهناك من يعرف الاتصال غير اللفظي بأنه عملية نقل الأخبار والمعلومات باستخدام الإشارات أو الإيماءات والسلوك.. وقد تكون هذه الإشارات أو التلميحات مقصودة أو غير مقصودة من مصدر الاتصال.

ويشير ماكس إيجرت إلى أن عملية الاتصال لا تنحصر في اللغة اللفظية من خلال الكلمات التي تتلفظ بها فقط، بل يجب أن تمتد لما هو أشمل. وكما قال الفرد أدلر: إذا ما أردنا أن نفهم شخصا ما فعلينا أن نسد آذاننا وننظر إليه، كما هو الحال في فن التمثيل الصامت (البانتوميم).

ويجب الإشارة هنا إلى أهمية الاتصال غير اللفظي في تحقيق أهداف التواصل بين الناس، مع مراعاة انسجامه مع الاتصال اللفظي، حتى لا يؤدي تفاعلها غير المنسجم إلى معان متناقضة.

على أية حال فإن فهم الاتصال غير اللفظي وترجمته ليس بالعملية السهلة؛ نظرا لاختلاف تأثير هذه الرسائل من ثقافة إلى أخرى داخل المجتمع وداخل المنظمة أيضا.

هذا ويطلق في الكتابات الحديثة على الاتصال غير اللفظي مصطلح لغة الجسم Body Language وهو موضوع الفصل الحالي.

ففي خلال السنوات القليلة الأخيرة تم تأسيس واكتشاف علم جديد ومثير هو علم لغة الجسم Kinescis ، أسسه علماء السلوك والنفس بهدف دراسة معاني حركات الجسم والإشارات الحسية التي يرسلها كل واحد منا إلى الآخرين. بمعنى أن هذا العلم يهتم بدراسة السلوك أو الاتصال غير اللفظي. وكما سنرى سنجد أن علوما ومهنا أخرى اهتمت بهذا العلم وحاولت أن تسهم في بناء قاعدة معرفة له، والاستفادة من موضوعاته في تطوير وتحسين عمليات الاتصال للمشتغلين في مجالات هذه العلوم والمهن.

ولقد ظهر عدد من الكتب والبحوث والدراسات الأجنبية عن موضوع لغة الجسم خلال السنوات الماضية، وفي المقابل هناك ندرة شديدة في هذه الكتابات عن هذا الموضوع باللغة العربية. بل إن الكتب العربية التي اهتمت بموضوع لغة الجسم بشكل رئيسي لا يتعدى عددها عدد أصابع اليد الواحدة.

هذا ويستخدم الإنسان جسمه في الاتصال بالآخرين وتوصيل رسالته إليهم؛ فعلى سبيل المثال التعبيرات الصادرة عن الوجه تكمل المعاني التي تريد إرسالها إلى الآخرين.

والشفتان تستخدمان عادة في الحديث والابتسامة والضحك والتقبيل.

وكذلك فإن نظرات العيون تلعب دورا هاما في الاتصال البشري، والطريقة التي ينظر بها الفرد إلى شخص آخر ترسل الكثير من المعاني المتعلقة باهتماماته ومقاصده وميوله ومشاعره تجاه الآخرين.

أي أن الكلام أو اللغة المنطوقة ليست الوسيلة الوحيدة للتعبير عما تريد إرساله أو توصيله للآخرين.

وهل تعلم بأن نسبة صغيرة فقط من الانطباع والتجاوب مع الآخرين يكون مصدره هو الاتصال اللفظي الذي يقتصر على استخدام الكلمات فقط..

فالذي يؤثر تأثيرا أكبر عليك هو ما يطلق عليه لغة الجسم والتي تضم كل أشكال الاتصال الأخرى غير الكلمات.

ولغة الجسم هي لغة عالمية Universal Language يفهمها جميع البشر رغم اختلاف اللغات بينهم. في ضوء ذلك يمكن أن نقول أن لغة الجسم ـ وليست اللغة الإنجليزية ـ هي اللغة العالمية رقم واحد في العالم.

فعلى سبيل المثال عندما تسافر إلى بلد بالخارج لبلد تتحدث لغة أخرى لا تعرف عنها شيئا، كيف لك أن تتواصل مع الآخرين ؟ سوف تجد نفسك تتصل بهم عن طريق لغة الجسم.

مثال آخر: حيث نجد أن الممثل الراحل شارلي شابلن قد استخدم لغة مفهومة لدى شعوب كثيرة، وكان عليها إقبال كبير وذلك حتى يومنا هذا، رغم انعدام الصوت فيها (التمثيل الصامت أو البانتوميم) لأنه كان يجيد التعبير والإرسال عن طريق تعبيرات الوجه والإيماءات وحركات الجسم.

وفي الفصل الحالي سوف نتحدث عن لغة الجسم من حيث: التعريف والتسميات والجذور التاريخية لهذا العلم وأهمية ومهارات لغة الجسم. بينما في الفصل التالي (السادس) سيتم الحديث عن فروع ومفردات لغة الجسم.

تعريف لغة الجسم :

هناك بعض التعريفات في هذا الشأن نذكر منها :

1- تعريف إدوارد هول Eduard Hall: لغة الجسم هي لغة صامتة Silent Language غير لفظية تستخدم الإشارات والإيماءات الصادرة عن جسم الإنسان في المواقف المختلفة كناقل للمعنى.

2- تعريف فريد لوتهانس Fred Luthans: لغة الجسم هي اتصال غير لفظي ولغة غير مكتوبة، تشير إلى استجابات الإنسان غير الكلامية مثل: تعبيرات الوجه والإيماءات والإشارات والحركات والمسافة بين الأشخاص.

3- تعريف جون هاس John Hass: لغة الجسم هي شكلا من أشكال التفاهم غير اللفظي، تقوم فيه الحركات والإشارات وتعبيرات الوجه وأوضاع الجسم بنقل أفكارنا وانفعالاتنا لشخص آخر.

4- تعريف جوليوس فاست Julis Fast : لغة الجسم تتضمن حركات الجسم سواء إرادية أو غير إرادية، بكامل الجسم أو بجزء منه، لبث رسالة انفعالية إلى العالم الخارجي، أي سلوك غير كلامي لدى الكائن الحي.

5- تعريف آلان بيز Allen Beez: لغة الجسم هي اتصال غير لفظي يعتمد على التواصل بين المرسل والمستقبل باستخدام التلميحات والإشارات والحركات الصادرة عن الجسم.

6- تعريف نيرنبيرج وكاليرو Nernberg & Kalero: لغة الجسم هي لغة صامتة، يتم الاتصال فيها بدون كلام، بواسطة الإشارات والإيماءات والحركات الصادرة عن الجسم.

7- تعريف كناب وهول Knapp & Hall: لغة الجسم هي اتصال غير لفظي، لا يعتمد على الكلمات والألفاظ في توصيل الرسالة من المرسل إلى المستقبل، بينما يعتمد على ما يصدر من الجسم من حركات وإشارات وإيماءات ونغمات الصوت.

8- تعريف بيتر كليتون Peter Cliton: هي وسيلة من وسائل الاتصال بالآخرين تعتمد على فهم الإشارات والحركات والتعبيرات التي تصدر من الشخص ومن الآخرين.

9- تعريف عبد الله بن عبد الكريم: لغة الجسم هي لغة غير لفظية تشمل الحركات والإشارات والإيماءات والتعبيرات الصادرة عن أجزا من جسم الإنسان والتعبيرات الصادرة عن أجزاء من جسم الإنسان في مواقف مختلفة، وهذه اللغة تحمل معاني ودلالات رمزية وتساعد على التوصل مع الآخرين والتأثير عليهم بطريقة إيجابية أو سلبية.

10- تعريف أحمد شفيق السكري: لغة الجسم هي الاتصال غير المنطوق من خلال حركات الجسم.

11- تعريف حسين حريم: لغة الجسم هي أي رسالة ترسل وتستقبل مستقلة عن الكلمة المنطوقة أو المكتوبة، وتتضمن عوامل مثل: استخدام الوقت والمكان والمسافة بين الأشخاص وترتيب الجلوس وموقع المكتب والأثاث.

في ضوء ما سبق من تعريفات يمكن تعريف لغة الجسم بأنها :

هي إشارات وحركات إرادية وغير إرادية تصدر من الجسم بأكمله أو بجزء منه لإرسال رسالة انفعالية إلى المحيطين بالإنسان. ولهذه اللغة فروع ومفردات تتمثل في: لغات الوجه والصوت والأصابع واليدين واللمس ووضعية وحركات الجسم والمظهر والألوان والمسافات والفراغ المكاني والدلالات الرمزية لاستخدام الوقت.

تسميات مكافئة وشارحة لمصطلح لغة الجسم:

هناك تسميات عديدة مكافئة وشارحة لمصطلح لغة الجسم تساهم بدورها في معرفة معنى لغة الجسم، نذكر منها :

1-	اللغة الصامتة	The Silent Language
2-	اللغة غير المنطوقة	The Unspoken Language
3-	الحوار غير المنطوق	The Unspoken Dialogue
4-	لغة داخل لغة	Language within Language
5-	الاتصال غير اللفظي	Non-Verbal Communication
6-	السلوك غير اللفظي	Bodily-Verbal Behavior
7-	التواصل الجسدي	Bodily Communication
8-	علم دراسة الحركات	Kinesics

الجذور التاريخية لعلم لغة الجسم:

القدماء المصريون والإغريق والرومان من أوائل الحضارات التي اهتمت بدراسة لغة الجسم وصورته من خلال اهتمامهم بدراسة الإيماءات والإشارات، كذلك تدل التماثيل والمعابد التي تم بناؤها بواسطة هذه الحضارات على اهتمامها بدراسة لغة الوجه ووضعية وحركات الجسم والإشارات التي تصدر عنه..

ومعرفة إمكانية تفسير تعبيرات لغة الجسم أمر ظهر بشكل متكرر في الأدب اليوناني القديم. كما أظهرت الشخصيات الرئيسية في المسرح الإنجليزي والأعمال الأوبرالية الإيطالية والفرنسية القديمة معرفتها الوثيقة بحركات الجسم الدقيقة.

ويمكن القول إن الدراسة العلمية للاتصال غير اللفظي ترجع بشكل رئيسي إلى ما بعد الحرب العالمية الثانية. ويشمل تاريخ الدراسة في هذا العلم مجالات دراسة سلوك الحيوان والأنثروبولوجيا والرقص واللغويات والفلسفة والطب النفسي وعلم النفس وعلم الاجتماع وعلم الكلام ومهنة الخدمة الاجتماعية.

وكما هو واضح أن دراسة لغة الجسم لا ترتبط بعلم واحد. وإنما ترتبط بدراسة علوم ومهن عديدة.

وفي عام 1872 نشر تشارلز داروين Charles Darwin كتابه: التعبير عن العواطف لدى كل من الإنسان والحيوان The Expression of the Emotions in Man and Animals والذي أبدى اهتماما كبيرا بلغة الجسم لدى الإنسان ـ وخاصة بتعبيرات الوجه ـ وغيره من المخلوقات.

وفي الخمسينات من القرن العشرين بدأت تظهر بعض الكتب العلمية عن هذا العلم الجديد، منها على سبيل المثال: كتاب بردويستيل Birdwhistell بعنوان: مقدمة في علم الحركة Introduction to Kinesics والذي نشر عام 1952 ثم أعيد إصداره مرة أخرى في العام 1970. ثم نشر كل من: Ruesch و Kess كتابا عن الاتصال غير اللفظي، وملاحظات على الإدراك Nonverbal Communication, Notes on the Visual Perception of Human Relations .

وفي عام 1958 صدر كتاب البعد الخفي The Hidden Dimension وفي عام 1959 أصدر إدوارد هول Edward Hall كتابه عن: اللغة الصامتة Silent Language. ثم أعيد نشره مرة أخرى في عام 1973. ثم قام كل من وينر ومهرابيان Wiener و Mehrabian بنشر كتاب عن: لغة داخل لغة Language within Language وفي عام 1970 نشر جوليس فاست كتابه عن لغة الجسم Body Language ثم قام مهرابيان Mehrabian في عام 1972 بنشر كتاب عن الاتصال غير اللفظي Non-Verbal Commnication، وفي سلسلة من التجارب المحكمة استطاع مهرابيان أن يثبت أن الإشارات غير اللفظية كانت أشد تأثيرا من المثيرات الأخرى. وقد ركز مهرابيان على الوجه باعتباره مصدرا رئيسيا للمعلومات غير اللفظية. ومنذ ذلك الوقت أثبت الباحثون نتائج مشابهة فيما يتعلق بعناصر السلوك غير اللفظي الأخرى. وفي نفس السنة نشر هندل Hindel كتابا بنفس العنوان.

وبعد هذه الفترة بدأت تظهر كتب عن لغة الجسم وإن كان بشكل تخصصي؛ بمعنى ظهور كتب تهتم فقط بتعبيرات الوجه، وكتب أخرى عن حركات الجسم، وكتب ثالثة عن الاتصال البصري (الاتصال بالعين).

ثم دخل علم لغة الجسم مرحلة أخرى متقدمة من خلال اهتمام العلوم المرتبطة به بتقديم كتب وبحوث تخدم هذه العلوم وتطرح منظورها في عملية الاستفادة من لغة الجسم في الممارسة كل في مجاله. فعلى سبيل المثال: بدأ علماء النفس والطب النفسي بتقديم كتب وبحوث عن لغة الجسم من منطلق أهمية التعرف على هذه اللغة وفهمها بما يساعد في عملية التشخيص النفسي، حيث ينظر للحركات والأعراض الجسمية التي تصدر عن الإنسان إنها تعبر عن أشياء كثيرة منها الدوافع المكبوتة والمحظورة ..

كذلك اهتم علماء الإدارة بتقديم مجموعة من الكتب والبحوث عن لغة الجسم من خلال دراسة أشكال الاتصال غير اللفظي المتبادل بين العاملين داخل بيئة العمل، وكيف أنه يؤثر على تحقيق أهداف الاتصال الإداري، سواء بالإيجاب أو بالسلب..

كذلك على المدير أن يلاحظ لغة الجسم لدى المرؤوسين وترجمتها إلى المعنى المقصود منها؛ حتى يستطيع أن يفهم المرؤوسين، ويجد الطريقة والأسلوب المناسبين للتعامل معهم وتوجيههم..

ومن العلوم الأخرى التي تهتم بالموضوع علم الأنثروبولوجيا وعلم الاجتماع والتي قدمتا العديد من الكتب والبحوث في هذا الشأن وإن كانت تركز عن فروع معينة في لغة الجسم مثل: لغة المظهر (الملابس والألوان والروائح)، ولغة الإكسسوارات والأشياء التي يستخدمها الإنسان، ولغة المسافات والمكان والفراغ، مع عقد المقارنات بين الشعوب والثقافات في هذا الشأن.

ومن المهن التي اهتمت بموضوع لغة الجسم مهنة التربية الخاصة وخاصة المهتمين بدراسة الإعاقات الحسية وعلى رأسها الإعاقة السمعية حيث يحتاج الشخص الأصم إلى استخدام لغة الإشارة (لغة الأصابع والشفاه) للتواصل مع الآخرين. وتعتبر لغة الإشارة أحد فروع لغة الجسم.

كذلك بدأت مهنة الخدمة الاجتماعية بالاهتمام بموضوع لغة الجسم من منطلق أهمية الاتصال غير اللفظي بين الاختصاص الاجتماعي والعميل (والذي قد يكون فردا أو أسرة أو جماعة أو مجتمعا) أثناء المقابلات أو الزيارات أو الاجتماعات تحقيقا لأهداف عملية المساعدة المهنية. والاختصاص الاجتماعي لابد أن يكتسب مهارة استخدام لغة الجسم لديه في التواصل المناسب والمؤثر على العميل، وأن يكتسب أيضا مهارة فهم لغة الجسم لدى العميل بما يساعد الاختصاصي على فهم مشاعر وأفكار والحالة الجسمية للعميل..

وبالنسبة لأهم المجلات العلمية الأجنبية في موضوع لغة الجسم مجلة بحوث في الاتصال الإنساني Human Communication Research Journal وذلك في عام 1987.

وبالنسبة للوطن العربي فهناك بعض البحوث والدراسات التي اهتمت بموضوع لغة الجسم وإن كانت قليلة نسبيا مقارنة بأهمية الموضوع، وما ينشر منها في الخارج.

كذلك هناك ندرة شديدة في الكتب التي تناولت بشكل مباشر ورئيسي موضوع لغة الجسم والتي لا يتعدى عددها عدد أصابع اليد الواحدة. فلقد وجد المؤلف أن موضوع لغة الجسم يتعم الحديث عنه في جزء صغير في معظم كتب علم النفس والإدارة والاتصال والانثروبولوجيا والخدمة الاجتماعية تحت عنوان: أنواع الاتصال، ومهارات الاتصال اللفظي وغير اللفظي..

ومن الكتب المتاحة التي اهتمت بموضوع لغة الجسم بشكل مباشر ورئيسي نذكر:

1- محمد علي الخولي : الحياة مع لغتين (1990).

2- إيناس زيادة : كيف تقرأ أفكار الآخرين : حركات الجسم (1996).

3- محمد كشاش: لغة العيون (1999).

4- عبد الستار إبراهيم ورضوى إبراهيم: علم النفس، أسسه ومعالم دراساته (2003).

من جانب آخر ظهرت بعض الكتب المترجمة من الإنجليزية إلى العربية عن موضوع لغة الجسم نذكر منها:

1- آلن بيز: لغة الجسد، كيف تقرأ أفكار الآخرين من خلال إيماءاتهم، تعريب سمير شيخاني (1994).

2- ج نيرنبيرغ وهـ كاليرو: كيف تحلل شخصية جليسك من خلال حركاته (1998).

3- بيتر كليتون : لغة الجسد (2005).

أهمية لغة الجسم :

تعد لغة الجسم وسيلة اتصال مهمة بالآخرين نستخدمها جميعا بشكل يومي. لذلك فإن تعلم كيفية فهم لغة الجسم واستخدامها بطريقة فعالة قد يحسن من علاقتك بالآخرين بدرجة كبيرة في محيط أسرتك أو جيرانك أو ما شابه، كما قد يساعدك على تخطي والتعامل مع المواقف المختلفة التي تتعرض لها في عملك.

90

وتشير إحدى الدراسات إلى أن:

● حوالي 7% من المعنى الكلي للرسالة يتم نقله من خلال الكلمات.

● حوالي 55% من المعنى يتم نقله من خلال لغة الجسم.

● حوالي 38% من المعنى يتم نقله من خلال لغة الصوت.

وفي دراسة أخرى وجدت أن الرسالة التي يريد المرسل إرسالها إلى المستقبل تصل إليه بنسبة 20% عن طريق الاتصال اللفظي وبنسبة 80% عن طريق الاتصال غير اللفظي.

وفي دراسة ثالثة وصلت نسبة الاتصال غير اللفظي إلى ما يقرب من 90% من المعاني، وبصفة خاصة في الرسالة التي تتعلق بالأحاسيس أو الشعور، ولذلك يكون لها ـ في بعض الأحيان ـ تأثير أقوى من : الرسائل اللفظية، حيث يميل الناس إلى تصديق الرسائل غير اللفظية عن اللفظية منها عندما يتعارض الاثنان.

وفي دراسة رابعة قام بها ألن بيز Allen Beezz والمنشورة في كتابه عن لغة الجسم وجد أن 65% من عملية الاتصال عند الإنسان تتم بطريقة غير لفظية.

وفي دراسة خامسة وجد أن الصوت كأحد فروع لغة الجسم يساهم في تحقيق من 20% إلى 32% من فهمنا للاتصال الذي يحدث بيننا وبين الآخرين، أما الإيماءات والمسافة بين المرسل والمستقبل والاتصال البصري والابتسامة وقراءة الشفاه.. تساهم في تحقيق نسبة 70% من فهمنا للاتصال الذي يحدث بيننا وبين الآخرين.

ويرى ناصر العديلي أن الاتصال غير اللفظي يلعب دورا بارزا في تعزيز الاتصال اللفظي. ولتحقيق فاعلية الاتصال يجب أن نركز على الجانب اللفظي وغير اللفظي لكونهما مكملان لبعضهما البعض.

إن لغة الجسم هي لغة إضافية تمنح اللغة المنطوقة غنى وعمقا، حيث إن الكلمات وحدها لا يمكن أن تنقل كل المعاني من المرسل إلى المستقبل. بل إن الأبحاث والدراسات العلمية أوضحت أن الإشارات والإيماءات والحركات غير اللفظية تحمل في طياتها خمسة أضعاف تأثير الكلمة في الرسالة.

ولقد حدد أرجيل Argyle عام 1988 في كتابه «الاتصال الجسدي»، أهمية لغة الجسم في الآتي :

1- التعبير عن المشاعر والعواطف التي تعبر عما يعتلج داخل نفس الفرد.

2- توضيح الاتجاهات الشخصية للفرد من حب أو كراهية أو سيطرة أو عدوان..

3- تقديم الشخصية للآخرين.

4- استكمال الحديث الصادر، وذلك من خلال التغذية العكسية (إرجاع الأثر) والانتباه.

وترجع أهمية لغة الجسم في عملية التفاعل بين فرد وآخر إلى أنها تصدر تلقائيا من الشخص بصورة لا شعورية وغير متكلفة، ومن ثم فإن هذا يتضمن رسائل تنقل إلى الآخر وتتميز بصدقها وبطبيعتها، ولهذا فهي تكشف بوضوح عن مشاعر وانفعالات معينة ذات معنى محدد ودلالة متعارف عليها بين أفراد الثقافة الواحدة.

يقول جوليوس فاست Julius Fast : في هذا الشأن أن : الكلمات أحيانا تكذب، ولكن الجسم نادرا ما يكذب، أي أن لغة الجسم تخبرك عن المعاني الفعلية التي يقصدها الآخرون أكثر من الكلمات في أية لغة ناطقة في العالم بمعنى أن الجسم يرسل دون وعي منه، أفكار وأحاسيس الإنسان لمن يحيط به.

وبالتالي فلا تنس أن جسمك يتحدث أيضا للآخرين؛ فمن خلال تعبيراتك أنت تؤكد وتوضح كلماتك.. وتؤكد على قدر إخلاصك وصدقك.. وإحساسك تجاه متحدثيك.

كذلك نذكر أن :

الأفعال دائما أقوى من الكلمات Action Speaks Louder than Words

فإذا تحدثنا مع الناس عن موضوع هام ووجدك تتسلى بأحد الأفلام وتقوم بمضغ اللبان، فهذا يعطي انطباعا لدى من يسمعك بعدم الجدية أو عدم الإخلاص فيما تقوله.

إن معرفة تحليل وتفسير لغة الجسم تساعد على نشوء علاقات اتصال جيدة مع

الآخرين، والاتصالات الجيدة تسهم في بناء الثقة والتعاون والترابط بين الأفراد في داخل المنظمات الإنسانية، وهذا يؤدي ـ كما يقول فرانك سنيرغ في كتابه الإدارة بضمير ـ إلى رفع الروح المعنوية للعاملين وزيادة إنتاجيتهم ونجاح المنظمات في تحقيق أهدافها.

ويشير عبد الـلـه بن عبد الكريم إلى أن لغة الجسم تسهم في معرفة شخصيـة الفرد. ومعرفة الشخصية تساعد على التنبؤ بسلوك الفرد والتأثير عليه بالطريقة التي تتناسب مع خصائصه النفسية والجسمية.

بمعنى أن لغة الجسم تساعد على فهم مباشر لشخصية من يقوم من الأشخاص المهنيين (مثل: الاختصاصين والاجتماعيين، والأطباء، والمرشدين النفسيين..) بفهم شخصيات متلقي خدماتهم (العملاء) من خلال الملاحظة المباشرة لانفعالاتهم وتعبيراتهم في المواقف المختلفة.

ويؤكد أمين محمد أبو ريا أن دراسة وفهم لغة الجسم تساعد على كشف الكثير من خبايا النفس البشرية، وقد فتح هذا العلم أمام علم النفس والطب النفسي مجالا جديدا لسبر أغوار النفس البشرية.

إن لغة الجسم تنبئ عن الجانب الخفي من شخصيتك وتكشف عن ردود الأفعال التي تثيرها لديك أحاديث الآخرين وتفعالاتهم معك، سواء كانت ردود الأفعال هذه هي الملل أم الاهتمام والإثارة.

وتتضح أهمية لغة الجسم ـ كما يشير سونايت Sue Knight ـ في أننا نعبر من خلالها عن مهاراتنا، وقيمنا، ومعتقداتنا، وطبيعة شخصيتنا، من حيث تفضيلاتنا الثقافية، وأهدافنا في الحياة، ومن خلال طريقتك في المصافحة باليد تكشف عن كل ما يمكن لشخص ما أن يعرفه عنك إذا توفرت لديه الحساسية لذلك. وقد تنعكس مشاعرنا على لغة الجسم في أية لحظة، إذا كنا نتوقع عقد الاتفاق في لقاء معين سنحضره قريبا، وسوف يظهر ذلك في لغة الجسم.

وإن أردت أمثلة تدعم أهمية لغة الجسم ففكر بالممثلين (وخاصة في التمثيل

الصامت - البانتوميم) والأساتذة والمدربين والبائعين والمسوقين ورجال الشرطة والجمارك واختصاصي علم النفس والإرشاد النفسي والأخصائيين الاجتماعيين والأطباء النفسيين واختصاصي العلاج الطبيعي.. فكل هؤلاء يستخدمون نفس الكلمات أو معظمها، ولكن نجاحهم أو عرفه في دورهم يعتمد كليا على إتقانهم لغة الجسم.

أخيرا وليس بآخر فإن أي شخص لا يمكنه تجنب استخدام لغة الجسم عندما يخاطب رجلا أو سيدة أو عميلا أو زميلا أو قريبا أو صديقا أو طفلا أو بائعا أو رجل سياسة.

مهارات لغة الجسم:

المهارة Skill هي أنماط متعلمة من التفاعل الناجح مع البيئة، تحقق الفرد ما يهدف إليه. وهي القدرة على القيام بالأعمال المطلوبة من الفرد بسهولة ودقة.

ومن تعريفات مصطلح المهارة، يعرف محمد عاطف غيث وزملاؤه المهارة بأنها تنظيم معقد للسلوك (الفيزيقي أو اللفظي) تطور من خلال عملية التعلم، واتجه نحو هدف معين أو تركز على نشاط محدد. ويشرح ميشيل مان Michael Mann المهارة بأنها مزيج من المعرفة والخبرة المكتسبة من الأفعال أو الأنشطة، بجانب القدرة الذهنية على تطبيق هذه الأفعال أو الأنشطة بفعالية وبراعة.

ويرى روجر إلس Roger Ellis أن المهارة هي القدرة على الاستجابة بمرونة للظروف من أجل تحقيق الأهداف المبتغاة بأقصى كفاية ممكنة.

ويشير جوردون ويلز Gordon Walles إلى أن المهارة هي القدرة على تقييم المواقف والتأثير على سلوك الآخرين.

وفي ضوء ما سبق يمكن تعريف المهارة بأنها القدرة على إنجاز المهمة المطلوبة بإتقان، وفي الوقت المحدد، مع وجود الرغبة لدى الشخص لتحقيق ذلك. بمعنى أن المهارة هي نشاط هادف يؤديه الإنسان بإتقان وسرعة ورغبة.

وهناك أساليب ووسائل عديدة يمكن من خلالها اكتساب المهارات وتحسينها، نذكر أهمها في التالي:

1-	التعليم	Education
2-	التعلم	Learning
3-	التدريب (البرامج التدريبية)	Training Programs
4-	القراءة	Reading
5-	الممارسة (خبرات العمل)	Practice

للغة الجسم مفرداتها الخاصة، نتعلمها بدءا من مرحلة الطفولة من خلال عمليات التنشئة الاجتماعية والثقافية والاتصال والتفاعل مع الآخرين.

وإننا نحتاج لمهارة استخدام لغة الجسم لدينا ليتحقق اتصال ناجح ومؤثر في الآخرين كذلك نحتاج إلى المهارة في ملاحظة وقراءة وتفسير وفهم لغة الجسم لدى الآخرين على أساس علمي منظم.

إن المقدرة على إتقان لغة جسمك وإدراك علاقتها بالعبارة التي ترسلها للآخرين هو أمر مختلف كثيرا عن مقدرتك في تفسير وفهم لغة جسم الآخرين.

هذا ويتم اكتساب هاتين المهارتين من خلال:

الاحتكاك بالآخرين وخبرات الحياة والعمل والقراءة وحضور البرامج التدريبية المتعلقة بموضوعات مهارات الاتصال الفعال ودراسة وفهم لغة الجسم..

كذلك على الشخص أن يعرف معاني إشارات وإيماءات وحركات الجسم في ضوء ثقافة المجتمع.

إن تفسير لغة جسم الآخرين يتطلب تدريبا ولكن هذا ممكن. فأنت تستطيع التأكد إن كان الأشخاص الذين تتواصل معهم يكذبون. أو قد أصابهم الملل، أو نفد صبرهم، أو أنهم متعاطفون، أو يقفون وقفة المدافع أو المهاجم، أو أنهم يتفقون أو

يختلفون معك. وأنت تستطيع الحكم فيما إذا كانوا منفتحين، أو متوترين، أو يحسبون الأمور، أو مصابين بالشكوك، أو غاضبين، أو قلقين، أو لا يشعرون بالأمان... إلخ. فإن أهمية هذا بالنسبة للناس في مواقف خدمة أمر واضح.

وبإمكانك أن تتعلم أيضا ملاحظة النوايات الاجتماعية والعاطفية المخفية ونوايا أخرى في إيماءات شخص تعرفه أو ترغب بالتعرف عليه.

وحتى يمكنك فهم لغة الجسم لديك وفهم لغة الجسم لدى الآخرين لا بد أن تكتسب مهارة الملاحظة Observation . والملاحظة هي النشاط العقلي للمدركات الحسية، بمعنى أنها هي المشاهدة المقصودة وغير المقصودة للصور المحيطة بنا.

والملاحظة كأداة هامة تفيد في التعرف على كلمات الآخرين غير المسموعة، بمعنى أنها تساعدنا في فهم لغة الجسم لديهم. فالملاحظة والسلوك والتصرفات والحركات والتفكير والحالة النفسية مثل: الانفعالات الواضحة كالغضب أو الحزن أو الخوف..

وتتطلب مهارة الملاحظة سلامة حاسة البصر والانتباه الجيد. ويتحقق الانتباه الجيد من خلال :

1- اليقظة.

2- اختيار المثير.

3- التركيز.

4- الحذر.

ويشير سو نايت Sue Knight إلى أنه عندما نتعلم تركيز انتباهنا على لغة الجسم وإشاراتها نستطيع أن:

● نعرف متى ننهي المحادثة.

● نعرف ما إذا كان الشخص الآخر قد وصله المعنى الذي نتكلم عنه أم لا.

● نحدد مستوى الموافقة التي حصلنا عليها.

- نلاحظ الدرجة التي لمسنا بها الدافع الحقيقي للشخص الذي نتحدث إليه.
- نبني الطريقة التي نعبر بها عن الوقت، ونلاحظ تأثير ذلك في الطريقة التي نستخدم بها الوقت.
- نعرف اللحظة التي حققنا فيها الاتصال؛ والبداية الحقيقية لعلاقاتنا.
- تحديد الوقت الذي نجحنا فيه في تحقيق التقارب مع شخص ما.
- نعرف التغيير الذي حدث في طريقة تفكير شخص ما.
- معرفة نوعية النظام التعبيري الأنسب لكي نوصل فكرة معينة إلى الآخرين.
- نتعرف على قدرتنا على تفهم واحترام ثقافة الشخص الآخر الذي نتعامل معه.

الأقوياء فقط هم الذين يعرفون كيف يتحكمون في إشارات وحركات الجسم التلقائية بحيث تدعم وتعزز الكلمات التي ينطقون بها والمعاني التي يقصدونها.

والتحكم في هذه الإشارات والحركات التلقائية لا يمكن أن يظل قاصرا على الأشخاص الأقوياء، بل يجب أن يصبح سمة من سمات كل إنسان عصري متحضر ومتفتح.. فإذا أردت اكتساب هذه السمة، حاول التخلص - ولو تدريجيا - من المفردات الرديئة التي تقول إلى الآخرين إنك متوتر أو متضايق أو منزعج بسبب التواصل معهم.. أو التي تقول لهم إنك غير واثق من نفسك أو غير جديرا بثقة الآخرين فيك..

بعد ذلك حاول استبدال هذه المفردات الرديئة بمفردات أخرى سليمة وصحيحة تنقل إليهم رسائل إيجابية عنك.. وتأكد أن الآخرين عندما يلمسون نجاحك في اكتساب المفردات التي تنطق بثقتك بنفسك واحترامك لها، سوف يبدأون في معاملتك بشكل خاص جدا لأنك سوف تكون عندئذ جديرا حقا بتلك المعاملة.

أخيرا وليس بآخر، إن المنظمات إذا كانت تسعى للارتقاء بمهارات الاتصال اللفظي لدى العاملين بها، فإنه يجب عليها أن تحرص أيضا على تعليمهم مهارات لغة الجسم مع الآخرين وبالذات استخدامها بالشكل الفعال في التواصل مع الآخرين وفهم هذه اللغة لدى الآخرين.

الفصل السادس

فروع ومفردات الاتصال غير اللفظي

أشتمل هذا الفصل على:

📖 فروع ومفردات لغة الجسم :

☞ لغة الوجه.

☞ لغة الصوت.

☞ لغة الأصابع.

☞ لغة اليدين.

☞ لغة اللمس.

📖 المفردات الرديئة للغة الجسم.

مقدمـة :

للغة الجسم فروع ومفردات خاصة بها، وحتى الوقت الحاضر لا يوجد بين العلماء والباحثين اتفاق مشترك على هذه الفروع والمفردات.

ويعرض الفصل الحالي للعديد من تصنيفات العلماء والباحثين - سواء أجانب أو عرب - لفروع ومفردات لغة الجسم، ثم في ضوء هذه التصنيفات تم وضع تصنيف المؤلف لفروع ومفردات لغة الجسم، ثم تم إلقاء الضوء عليها بشيء من التفصيل في كل من الفصلين، الخامس والسادس.

تصنيفات فروع ومفردات لغة الجسم:

أولا : تصنيف العلماء والباحثين الأجانب:

1- تصنيف : Edward Hall :

يصنف إدوارد هول فروع ومفردات لغة الجسم إلى :

- 1-   لغة الصوت (مستوى ونغمة الصوت).
- 2-   الإيماءات والإشارات.
- 3-   وضعية وحركات الجسم.
- 4-   الزمن.
- 5-   المسافات.
- 6-   المظهر.

2- تصنيف : Judith Hall, Mark Knapp :

يصنف كل من مارك كناب وجودسهول فروع ومفردات لغة الجسم إلى :

- 1-   تعبيرات الوجه والإيماءات.

2- حركات الأيدي والأصابع.

3- وضعية وحركات الجسم.

4- المسافات.

5- الدلالات الرمزية للوقت.

6- الاتصال باللمس.

7- المحيط.

8- السلوك الصوتي.

9- المظهر.

3- تصنيف : Alfred Kadushin :

يصنف ألفريد كادوشن فروع ومفردات لغة الجسم إلى :

1- طريقة الكلام / الحديث.

2- الاتصال البصري.

3- تعبيرات الوجه.

4- حركات اليدين والأصابع.

5- حركات الرجلين.

6- الاتصال باللمس.

7- الابتسامة والضحك.

4- تصنيف : G.K. Davies :

يصنف ج. د. دافيز فروع ومفردات لغة الجسم إلى :

1- الاتصال بالصوت (قوة ونغمة الصوت).

2- التنهدات والتأوهات والابتسامة والضحك.

3-   وضعية وحركات الجسم.

4-   تعبيرات الوجه وما يحتويه من جبهة وعيون وشفاه.

5-   الفراغ المكاني والمسافة الجغرافية بين أطراف الاتصال.

6-   المظهر.

5-   تصنيف : Gail Mayer & Michele Mayer :

يصنف كل من جال ماير وميشيل ماير أنواع السلوك غير اللفظي إلى:

1-   لغة الجسم.

2-   الاتصال باللمس.

3-   الاتصال بالصوت (درجة وحدة ومستوى الصوت).

4-   الدلالات الرمزية للوقت.

5-   المسافات.

6-   الترتيبات الفيزيقية (المكانية).

6-   تصنيف Elizabeth Perrot:

تصنف إليزابيث بيروت فروع ومفردات لغة الجسم إلى :

1-   تعبيرات الوجه.

2-   الاتصال البصري.

3-   حركات الجسم.

4-   الإيماءات.

5-   الفراغ المكاني.

ثانيا : تصنيف العلماء والباحثين العرب:

1- تصنيف حسين حريم :

يصنف حسين حريم فروع ومفردات لغة الجسم إلى :

1- تعابير الوجه.
2- حركات العينين.
3- الإيماءات المختلفة.
4- حركات الجسم واليدين والرأس.
5- استخدام الوقت.
6- المكان.
7- المسافة بين الأشخاص.
8- ترتيب الجلوس.
9- موقع المكتب.
10- الأثاث.

2- تصنيف سميرة بحر وكمال يوسف:

يصنف كل من سميرة بحر وكمال يوسف فروع ومفردات لغة الجسم إلى :

1- تعبيرات الوجه.
2- التلاقي البصري وحركة العينين.
3- حركات الجسم والإيماءات.
4- اللمس.
5- الفراغ.
6- الزمن.
7- الابتسامة والضحك.

3- تصنيف Totality

تصنف توتاليتي (شركة الخبرات الدولية المتكاملة) فروع ومفردات لغة الجسم إلى:

1- الصوت (التلوين، الإيقاع ...).
2- الجسم (الوضع، الإيماءات، الوجه، العينان، ...).
3- المظهر (الطراز، الألوان، الرائحة...).
4- المكان (حجم الغرفة، الأثاث،الألوان، ...).
5- الموقع (مسافة الجسم، موقع الجسم أثناء الحديث ...).
6- النماذج الإيضاحية (الخرائط، الرسوم البيانية، الأشكال، النماذج...).

4- تصنيف مريم حنا :

تصنف مريم حنا فروع ومفردات لغة الجسم إلى :

1- تعبيرات الوجه.
2- التلاقي البصري وحركة العينين.
3- حركات الجسم والإيماءات.
4- حركات الذراعين والأصابع.
5- الفراغ.
6- الزمن.
7- السلوك الصوتي من حيث البطء والسرعة والنعومة والحدة.

وفي ضوء ما سبق من تصنيفات، يمكن تحديد فروع ومفردات لغة الجسم في الكتاب الحالي كالتالي :

أولا : لغة الوجه :

حيث سيتم الحديث عن :

1- تعبيرات الوجه والجبهة والحاجبين.
2- الاتصال البصري.
3- التعبير بالأنف.
4- حركة الشفاه والفم:

أ- التقبيل.
ب- الابتسامة.
ج- الضحك.

ثانيا : لغة الصوت :

وتشمل على سبيل المثال: طبقة الصوت وارتفاع وسرعة ونوعية الصوت، وأهمية الصمت أحيانا أثناء الحديث مع الآخرين.

ثالثا : لغة الأصابع (الإشارة) واليدين :

حيث سيتم الحديث عن: لغة الأصابع والإشارة وحركات اليدين.

رابعا : لغة اللمس :

وتشمل على سبيل المثال: النظام اللمسي لدى الإنسان واستجابات الإنسان عندما يقوم الآخرين بلمسه.

خامسا : لغة وضعية وحركات الجسم :

وتشمل على سبيل المثال: أهمية الحركة للجسم، وحركة الرأس، والإيماءات وأنواعها، وحركة الساقين، والرقص، وأهمية ممارسة الرياضة، وضرورة الحصول على أوقات للراحة وأهمية تنظيمها.

سادسا : لغة المظهر :

وتشمل على سبيل المثال: الملابس التي يلبسها الإنسان والروائح التي يضعها والإكسسوارات والأشياء التي يستخدمها.

سابعا : لغة الألوان :

وتشمل على سبيل المثال: الألوان وتأثيرها النفسي والاجتماعي على الحالة المعنوية للإنسان، وكذلك التداوي والعلاج بالألوان.

ثامنا : لغة المسافات والفراغ المكاني :

وتشمل على سبيل المثال: المسافة المكانية بين الإنسان والآخرين، وأنواع هذه المسافة، والفراغ المكاني.

تاسعا : الدلالات الرمزية للزمن واستخدام الوقت:

وتشمل على سبيل المثال: مفهوم الوقت وخصائصه وأهميته وكيفية إدارته بشكل كفء وفعال.

وفي الفصل الحالي سيتم شرح بعض هذه الفروع والمفردات بشكل تفصيلي. ويجب التأكيد هنا على أن مفردات لغة الجسم تختلف من شخص لآخر ومن ثقافة لأخرى، حيث نتعلمها ونحن أطفال ومن والدينا وأصدقائنا ومدرسينا وغيرهم.

كذلك يجب توضيح القاعدة الشرعية في هذا المجال: وهي أن يستخدم الإنسان جسمه وحواسه وأعضاءه في مرضاة الله، وليس فيما يغضب الله، وأن يحافظ عليهم حتى يستطيع أن يؤدي الأمانة التي كلفه الله بها، وأن يقوم بالأدوار المطلوبة منه سوا في الحياة أو في العمل..

فروع ومفردات لغة الجسم :

يمكن أن نقول إن لغة الجسم لها فروع أو لغات عديدة نستخدمها في الاتصال بالآخرين، نذكر الرئيسي منها كالتالي:

لغة الوجه :

حيث سيتم الحديث عن :

1- تعبيرات الوجه والجبهة والحاجبين.

2- الاتصال البصري.

3- التعبير بالأنف.

4- حركة الشفاه والفم:

    أ - التقبيل.

    ب- الابتسامة.

    ج- الضحك.

يقول الله سبحانه وتعالى : "وإذا بشر أحدهم بالأنثى ظل وجهه مسودا وهو كظيم(58)" (النحل: 58). (هو كظيم : ممتلئ غيظا لايستطيع له تصريفا).

1- تعبيرات الوجه والجبين والحاجبين:

الوجه الإنساني جهاز يتكون من 44 عضلة منفصلة، أربع منها معدة للمضغ، والأربعون الباقية خاصة بالتعبيرات الوجهية. والوجه البشري بهذا الرقم الكبير من العضلات يتفوق على كل الأجناس.

يوضح برنت روبن Print Robin أن الوجه في مجموعه يكون نظاما متكاملا، تتفاعل فيه كل مكوناته من جبهة وحاجبين وعينين وأنف وأذنين وشفتين وذقن، وتوجد بينها علاقة متبادلة، بحيث تؤدي جميعا أعمالا وظيفية (مكملة للأعضاء الأخرى) بالإضافة إلى ما يسهم به كل منها من أهمية في المظهر الكلي للوجه.

ويقول جون هاس John Hass إن وجه الإنسان هو العضو الأكثر تعبيرا، وهو يقوم بنقل كم ضخم من المعلومات لمن يقوم بملاحظته على نحو دقيق.

ويعبر الوجه عن ستة من الانفعالات هي:

1- السرور (السعادة).

2- الحزن.

3- الغضب.

4- الخوف.

5- الدهشة.

6- الاشمئزاز.

ويشير عبد الله عبد الكريم إلى أن الوجه هو أكثر الأماكن التي نركز عليها النظر عندما نتحدث ونتفاعل مع الآخرين من حولنا.

ويرى بول إيكمان Paul Ekman وزملاؤه أن دور الوجه في التعبير عن الحالة النفسية (سواء كانت فرحا أو حزنا أو خوفا..) للإنسان، أمر مشترك لدى كافة الجنس البشري.

أي أنه من خلال تعبيرات الوجه يمكن توصيل مشاعرنا للآخرين حبا أو كرها، تقبلا أو عدم تقبل، وبالتالي يحقق التوافق الاجتماعي الذي قد لا يتحقق دون هذه الرسائل. ومن جهة أخرى تمكننا تعبيرات الوجه من اختبار حالتنا الانفعالية ذاتها، ولهذا فبدون هذه التعبيرات قد لا نشعر بالانفعال.

وهذا يثبت حقيقة المقولة المأثورة التي تقول : «مشاعرنا مكتوبة بوضوح على وجوهنا».

كذلك استطاع بول إكمان Paul Ekman حديثا، المشرف حاليا على معمل التفاعل البشري بجامعة كاليفورنيا ـ سان فرانسيسكو، أن يتخذ من تعبيرات الوجه منطلقا لبناء نظرية طريفة عن الانفعالات، تلقى في الوقت الراهن اهتمام الباحثين في ميادين

علم النفس، ووظائف الأعضاء، وعلم الحيوان، فقد أمكنه أن يبتكر عددا من الأساليب للتوصل للتعبيرات المرتسمة على الوجه، وبالتالي للتعرف ـ على نحو دقيق ـ على نوع الانفعال المصاحب لها.

ومن الطرق التي استخدمها طريقة تقوم على تدريب عدد من الأشخاص على التحكم في مختلف أعضاء الوجه، كل عضلة بمفردها، أو مجموعة من العضلات معا بهدف خلق تعبيرات معينة، ثم يمكن بعد ذلك تصوير هذه التعبيرات فوتوغرافيا، وأن تعرض على عينات من الناس لمعرفة الحالة الانفعالية التي توحي بها كل صورة.

وقد تبين من خلال هذا المنهج أنه بالإمكان التوصل إلى سبعة آلاف تعبير على الوجه.. بعضها يمكن تقدير الحالة الانفعالية التي تصاحبه بسهولة، وذلك كالخوف، والاشمئزاز، والغضب، والدهشة، والسعادة.. إلخ. لكن غالبية هذه التعبيرات لا ترتبط بحالات انفعالية محددة. ففي حالات كثيرة قد تكون تعبيرات الوجه علامات تصاحب الرغبة في التأكيد على موضوع الحوار أو الكلام، مثلها في ذلك مثل اللوازم الحركية التي تصاحب الحوار.

فالارتفاع بحاجبي العينين مثلا، أو تسبيلهما عادة ما تصاحب موضوع الحديث، فعندما يكون محتوى كلامك سهلا، وإيجابيا، وخفيفا فإن الحاجبين يرتفعان. وبالعكس يسبل الحاجبان، ويتجه النظر إلى أسفل عندما يكون موضوع الحديث صعبا، أو سلبيا، أو ناقدا، ومن الطريف أيضا أنك تجد أن نبرة الصوت سترتفع عندما يرتفع الحاجبان وتنخفض عندما يسبلان.

أما إن كان يمكن لكل شخص أن يتحكم في تعبيرات الوجه إراديا فقد

بينت بحوث «إكمان» أن هناك فروقا فردية واسعة في ذلك، وأن من ينجح في تشكيل تعبيرات الوجه يعتبر نسبة بسيطة من الناس، وهؤلاء قد تكون لديهم مهارة أكبر على الخداع الانفعالي، والظهور بمظاهر تختلف عن الشعور الحقيقي وذلك كالممثلين وبعض الأشخاص ممن يستطيعون تشكيل انفعالاتهم بشكل متنوع.

ويوضح كل من عبد الستار إبراهيم ورضوى إبراهيم أن هناك مناطق من الوجه تستخدم أكثر من المناطق الأخرى للتعبير عن حدة الانفعال. فمثلا أن الجانب الأيسر من الوجه أكثر استخداما للتعبير عن الحدة الانفعالية في حالات الغضب، أو الدهشة.. إلخ، إلا في حالة الشعور بالسعادة فقد تبين أن التعبير عن السعادة لا يتموضع في منطقة خاصة من الوجه بل ينتشر على الوجه كله.

وبالرغم من أن كثيرا من تعبيرات الوجوه لا يمكن قراءة ما يحركها من انفعالات، فإن ما يرتبط منها بالتعبير عن انفعالات معينة يكون أكثر كشفا للانفعال من التغيرات الفسيولوجية الداخلية كدقات القلب أو التنفس. ففي إحدى التجارب عرضت مجموعة من الأفلام القصيرة التي يثير بعضها الخوف، أو الاشمئزاز، على مجموعة من الطالبات. وخلال العرض كانت تقاس نبضات القلب، كذلك كان يتم تصوير الوجه بكاميرات سينمائية معدة لذلك. وكان يتم بعد ذلك تحليل مختلف التعبيرات التي تظهر على الوجه أثناء عرض المثيرات. فتبين أن عدد دقات القلب في الدقيقة يرتفع ويظل ثابتا (بغض النظر عن نوع المنبه الانفعالي) وكأن هناك انفعالا واحدا. أما تحليل الوجه فقد كشف عن تمايز وتنوع في التعبيرات من منبه إلى آخر.

كما تبين أن تعبيرات الوجه تتغير عند عرض المنبه الواحد (المخيف) تعبيرات سريعة من الخوف إلى الاشمئزاز إلى الشعور بالمباغة أو الدهشة، مما يدل على تنوع التعبير الانفعالي في الموقف الواحد، وهو ما تعجز التغيرات الداخلية (كنبضات القلب) عن كشفه.

لقد افترض تشارلز داروين Charles Darwin ، واضع نظرية النشوء والارتقاء، أن تعبيرات الوجه في الإنسان والحيوان تحددها جوانب عضوية وتخضع للوراثة إلى حد بعيد. بعبارة أخرى، فإن التعبير الانفعالي يظهر على الوجه بصورة متماثلة لدى الإنسان والحيوان. وإذا كانت هذه النظرية صحيحة، فإن من المتوقع أن تجد أن المجتمعات الإنسانية تعبر عن الانفعالات المختلفة. بوجه واحد. ويبدو أن هذا صحيح ـ على الأقل ـ فيما يتعلق بعدد من الانفعالات الرئيسية.

ففي إحدى الدراسات عرضت مجموعات من الوجه المعبرة عن حالات انفعالية معينة على جماهير من الطلاب والناس من فئات مهنية مختلفة في ست حضارات هي: اليابان، البرازيل، شيلي، الأرجنتين، والولايات المتحدة الأمريكية، طلب منهم جميعا أن يصفوا الحالة الانفعالية المصاحبة لكل صورة، فتبين أن هناك تقاربا كبيرا في الأحكام خاصة بالنسبة لستة انفعالات هي: السعادة، والخوف، والدهشة، والغضب، والاشمئزاز، والحزن. وقد كانت النسبة على النحو المبين في الجدول الآتي:

جدول رقم (6)

النسبة المئوية للأحكام الانفعالية في حضارات مختلفة

البلـد	حزن	اشمئزاز (قرف)	غضب	دهشة	خوف	سعادة
اليابـان	74	72	63	87	72	87
البرازيل	82	86	82	82	77	97
شيلي	90	85	76	88	78	90
الأرجنتين	85	79	79	93	68	94
الولايات المتحدة	73	69	69	91	88	97

وتؤكد النتائج في الجدول السابق أن أحكام الأفراد في الحضارات المختلفة على تعبيرات الوجه وما يرتبط بها من حالة انفعالية تكاد تتطابق، ويبدو أن ما افترضه داروين منذ أكثر من مائة سنة أمر صحيح، على الأقل بالنسبة للانفعالات الستة السابقة. وإذا كانت الأحكام على الوجه بهذه الدقة، فإن معنى هذا أن الوجه يتشكل بطريقة متماثلة في الحضارات والمجتمعات الإنسانية المختلفة عندما نكون بصدد التعبير القوي عن الانفعال.

ومن ضمن تعبيرات الوجه استرخاء الجبهة الذي يدل على السعادة والراحة والطمأنينة، وتقطيب الجبهة الذي يدل على الغضب أو الاعتراض والحاجبان أيضا ـ

كما يشير محمد كشاش ـ يستخدمان في تكملة المعاني التي ترسلها العينان، فتقطب الحاجبين علامة على الاستياء والاضطراب والتشويش أو التفكير العميق. أما رفع لحاجبين فيدلان على الدهشة أو الريبة.

2- الاتصال البصري : Visual Communication

يقول اللـه سبحانه وتعالى : " إن السمع والبصر والفؤاد كل أولائك كان عنه مسؤولا(36)" (الإسراء: 36)

لحاسة البصر أهمية كبيرة في حياة الإنسان؛ فهي قناة رئيسية الاستقبال الإشارة من العالم الخارجي. هذا ويتسم الجهاز البصري للإنسان بدرجة عالية من التعقيد.

وبصفة عامة فإن الجهاز البصري يتكون من ثلاثة أجزاء هي: العين والعصب البصري والمركز البصري في المخ. فالعين تقوم باستقبال الضوء الصادر عن الأجسام الموجودة في البيئة المحيطة بالإنسان، ثم تنقل الصورة بواسطة العصب البصري إلى المركز البصري في المخ، والذي بدوره يقوم بتمييز وإدراك هذه الصورة وتفسيرها.

ويطلق على الاتصال البصري مصطلحات مشابهة مثل: الاتصال بالعين Eye Contact ولغة العيون Eye Language .

ويوضح عبد اللـه عبد الكريم بأن : نظرات العيون لها أهمية كبرى في الاتصال البشري، والطريقة التي ينظر بها الفرد لشخص آخر ترسل الكثير

من المعاني المتعلقة باهتماماته ومقاصده وميوله.

ويشير محمد كشاش إلى أن العين تنطق بأغراض شتى، شأنها شأن اللسان، ولكن ميزتها في بعض الأحيان الكتمان والتورية.

بينما يرى رالف أميرسون أن عيون البشر تتحدث تماما كألسنتهم، لكن بميزة واحدة وهي أن لغة العيون لا تحتاج إلى قاموس بل هي مفهومة في جميع أنحاء العالم.

ويقول آلين بيز Allen Beez أنه عندما تنظر عين في عين شخص آخر تبدأ عملية الاتصال.. وأشار أيضا إلى أن 87% من المعاني عن طريق العينين، و 13% عن طريق باقي الحواس، ويعتبر إغماض العينين وفتحهما بسرعة علامة على التوتر والقلق، أما إغلاق العينين والتحدث إلى شخص آخر فيعني أنه يحاول عدم الاستماع إلى ما تقوله (فهو لا يستطيع إغلاق أذنيه ولذلك يقوم بإغلاق عينيه على سبيل الرمز) وكذلك فإن الاعتقاد الشائع بأن الشخص الذي يكذب يحول عينيه عمن يتحدث إليه، ويتجنب مواصلة الاتصال بالعين، وهو اعتقاد صحيح تماما باستثناء الشخص الذي يدرك هذه الحقيقة، ويقوم بالمبالغة في الاتصال بالعين في محاولة لإقناعك بصدقه؛ فبؤبؤ العين ينبسط عندما يشاهد الشخص أو يسمع شيئا طيبا، وينقبض إذا كان الشيء غير ذلك (وهي حركة ظاهرة يمكن لمن ينظر إلى هذا الشخص أن يلاحظها).

هذا ويمكن إدراك مشاعر الآخرين عن طريق النظر إليهم وملاحظة تعبيرات وجوههم ودرجة الاضطراب العاطفي؛ إما بملاحظة ملامح الوجه، أو اتساع حدقة العين، ويتضح ذلك من الاهتمام والتركيز أو الصداقة أو العدوانية أو الازدراء والتهكم.

ولقد أشار كثير من الباحثين إلى أن التقاء النظرات يدل على إبداء الرغبة في التفاعل مع الآخرين، أما شرود النظرات ودم التقائها فيدل على قلة الرغبة في التفاعل، ولذا فلا غرابة في أن نلاحظ أن الأفراد الذين يتبادلون النظرات فيما بينهم يكونون أكثر فاعلية في تعاملهم مع بعضهم البعض.

إن الاتصال بالعيون مع الآخرين أحد أساليب تنبيههم بأنك تتحدث معهم وتطلب منهم الاتصال لك. أما أن تنظر إلى الأرض أو السقف فهذا يعطي انطباعا أنك تتحدث إلى الغرفة وليس إلى الأشخاص.

وهناك سبب آخر هام للاتصال بواسطة العين، فهذا الاتصال هو مصدر للتغذية الاسترجاعية يبلغك بمدى نجاحك أمام المستمعين:

هل يصغون إليك؟ هل يفهمون؟ هل يتفقون معك؟ هل أنت تتكلم بسرعة؟ هل

تغطي جميع نواحي نقطة معينة؟ إنك لن تحصل على جواب فوري على ذلك إذا لم تنظر إلى المستمعين.

إذا كان المستمعون مجموعة صغيرة فيمكنك تحقيق الاتصال بالعين مع كل واحد منهم عددا من المرات ولكن ذلك لا يحدث بشكل آلي وإنما يتطلب جهدا مخططا ومدروسا من جانبك، فإذا ما كان عددهم كثيرا يمكنك إعطاء انطباع بأنك تقوم بالاتصال مع الأفراد بأن تركز على عدد قليل من الأشخاص في مختلف أنحاء القاعة، فتركز على واحد ثم تسير بنظرك ببطء إلى الآخر، ولكن لا تلقي بالنظرات السريعة، ولا تنس الأشخاص الذين في أقصى يمين القاعة أو أقصى يسارها.

إن الأمثلة على لغة العيون كثيرة، وتطبيقاتها متشعبة، كما في استغلال الاتساع اللاواعي لحدقة العين عندما يرى المرء شيئا يعجبه ويسره. فقد أجريت تجارب، على المستوى التجاري، لالتقاط الأثر الذي يتركه الإعلان التليفزيوني على المشاهد. فلقد وضعت عينه من جمهور المشاهدين تحت التجربة والتقط فيلم تصويري لعيونهم خلال فترة بث الإعلان ثم درس الفيلم بعناية في ما بعد لمعرفة متى تتسع حدقة العين، أي متى يستجيب المشاهد بطريقة إيجابية للإعلان.

3- التعبير بالأنف : Nose Expressions

يقول الله سبحانه وتعالى :" وكتبنا عليهم فيها أن النفس بالنفس والعين بالعين والأنف بالأنف والأذن بالأذن والسن بالسن والجروح قصاص فمن تصدق به فهو كفارة له ومن لم يحكم بما أنزل الله فأولئك هم الظالمون (45) " (المائدة: 45)

والأنف هو أبرز ما في الجبهة، وبه حاسة الشم. وهو - كما يشير عبد الله بن عبد الكريم - يرمز للإباء والشموخ، وجماله يكمل الصورة الجمالية للوجه. ولمس الأنف أو حكه أثناء التحدث مع الغير قد يعتبر إشارة للشك أو عدم الوثوق بالنفس.

كما نلاحظ أن قيام شخص بالضغط على أو الإمساك بأنف شخص آخر أثناء حديث غاضب أو شجار، يرمز إلى الإهانة والتحقير في الثقافة العربية وبعض الثقافات الأخرى.

4- حركة الشفاه والفم : Lips & Mouth Movement

الشفتان تستخدمان عادة في الحديث والابتسامة والضحك وتبادل القبلات. وتقوم لغة الشفاء على قراءة الشفاه، وتعتمد على قدرة الشخص على ملاحظة حركات الفم واللسان والحلق، وترجمة هذه الحركات إلى أشكال صوتية.

وهذه الطريقة تعتمد اعتمادا أساسيا على مدى فهم الشخص للمثيرات البصرية المصاحبة للكلام، كتعبيرات الوجه وحركة اليدين ومدى سعرة المرسل ومدى ألفة موضوع الحديث للمستقبل.

ومن التعبيرات الشائعة للشفاه يمكن أن نذكر :

1- التقبيل.
2- مصمصة الشفاه للأمام تدل على عدم الرضا.
3- ضم الشفاه للداخل مع الضغط عليها يدل على التوتر والقلق.
4- الابتسامة.
5- الضحك.

وبالنسبة للتعبيرات الشائعة للفم يمكن أن نذكر:

1- فتح الفم بدرجة كبيرة يدل على عدم التصديق.
2- فتح الفم نصف فتحة يدل على الخوف.
3- التثاؤب يدل على الرغبة في النوم وعدم الاستعداد للاستمرار في الحديث.
4- الضغط على الأسنان يدل على التوتر.

وسوف نتحدث عن التقبيل والابتسامة والضحك كأمثلة على تعبيرات لغة الشفاه والفم، والتي غالبا ما تدل على الحالة المعنوية المرتفعة لدى الشخص، وعلى الحالة النفسية الإيجابية لديه من سرور وفرح وتفاؤل.

(أ) التقبيــل :

للتقبيل أنواع عديدة، وكل نوع يدل ويشير إلى معنى مختلف، ومن أمثلة هذه الأنواع نذكر:

1- تقبيل الإنسان ليده. وهذا يشير إلى أنه يحمد اللـه على نعمه التي أسبغها عليه.

2- تقبيل الإنسان ليد والدته أو والده. وهذا يشير إلى ما يكنه هذا الإنسان من احترام وتقدير وحب لوالديه.

3- تقبيل الإنسان لزوجته أو الزوجة لزوجها. وهذا يشير إلى الحب والعاطفة التي تجمعهما.

4- تقبيل الإنسان لأبنائه. وهذا يشير أيضا إلى الحب الذي يكنه الإنسان لفلذات أكباده.

5- تقبيل الإنسان للقرآن الكريم. وهذا يشير إلى الحب والاحترام والتقدير والتعظيم لهذا الكتاب الكريم.

6- تقبيل الإنسان لعلم بلاده وهذا يشير إلى حب هذا الإنسان لبلده وولائه وانتمائه له.

(ب) الابتسامة : Smiling

ويقول رسول اللـه ﷺ «تبسمك في وجه أخيك صدقة».

المرح Fun يجعل الدنيا جميلة وربيعا دائما، أما العبوس فيجعلها ثقيلة وسوداء.

الحياة مدتها قصيرة، فلماذا لا نجعلها حافلة بالمرح والفكاهة الهادفة والضحك والابتسام؟

ابتسم للناس.. فالعبوس والتجهم يتطلب تحريك 72 عضلة، أما الابتسامة فتتطلب تحريك أربع عضلات فقط.

ويصنف عبد اللـه بن عبد الكريم الابتسامة إلى نوعين هما:

1- الابتسامة الصادقة والنابعة من القلب.

2- الابتسامة الزائغة والمصطنعة، حيث يمثل صاحبها الفرح والاستحسان ويخفي المشاعر البغيضة، ولذلك يقال «احذر ذوي الابتسامة الصفراء» لأن ابتسامتهم مفتعلة وباهتة.

بينما تصنف إيناس زيادة الابتسامة إلى ثلاثة أنواع حسب انفراج الشفتين كالتالي :

1- الابتسامة البسيطة:

وهي التي لا تظهر فيها الأسنان، وتصدر عن الشخص عندما تكون مشاركته بسيطة في التفاعلات التي تحدث أمامه وهو يبتسم بهذه الطريقة لنفسه فقط.

2-الابتسامة العلوية:

وهنا تكون زاوية الفم مرتفعة وتظهر الأسنان، وغالبا ما تصدر هذه الابتسامة عندما يواجه الفرد أشخاصا آخرين أثناء التفاعل، وهذه الابتسامة تستخدم في بعض المواقف الودية مثل: تحية الأصدقاء أو تحية الأطفال لوالديهم.

3- الابتسامة العريضة:

وتبدو من خلالها الأسنان بوضوح أكبر، وهذا الوضوح من الابتسامة غالبا ما يكون مصحوبا بضحكة عالية، وتكون فيه الشفتان العلوية والسفلية مفتوحتين.

ويمكن حصر بعض فوائد الابتسامة في الآتي :

1- تفتح لك الأبواب.
2- بداية عملية الضحك.
3- بداية تكوين اتصال جيد.
4- بداية تعاون منتج.
5- بداية تكوين صداقة جديدة.
6- يرغب الآخرون في العمل معك.
7- توجد جوا من السعادة لديك ولدى الآخرين.
8- تجعل وجهك طفوليا ومقبولا.

وفي الختام نذكر:

إن الابتسامة لا تكلفك شيئا ولكنك تجني الكثير من ورائها، ورغم أنها تمثل لحظة إلا أنها ستستمر في الذاكرة إلى الأبد.

(ج) الضحك Laughing :

الضحك، غريزة أساسية للإنسان ترتبط بمشاعر البهجة والفرح. الضحك لغة عالمية، يتكلمها ويفهمها مختلف الأفراد في مختلف الأعمال ومختلف القارات. فعندما يشترك اثنان في الضحك يقام بينهما جسر معنوي وقناة اتصال تنقل رسالة غير منطوقة لا تنقصها الفصاحة تقول:نحن بشر سواء، وإن اختلفنا في المراكز أو المؤهلات أو غيرها، فلسنا غرباء بعضنا عن بعض.

الضحك في العمل ليس هدفا في حد ذاته، وإنما وسيلة لكسر حاجز العزلة بين بيئة العمل المصطنعة وبين حياتنا الطبيعية. هذا يعني أن الضحك الهادف في بيئة العمل ضرورة لا رفاهية، فهو يدعم شعور الموظف بالسعادة، ويساعده، على الاسترخاء، ويقلل التوتر لديه، ويقرب بين العاملين في المنظمة سواء كانوا رؤساء أو مرؤوسين، ويقربهم إلى العملاء..

نحن في أمس الحاجة إلى تشجيع الضحك الهادف في منظماتنا، بل نحن في حاجة إلى كل حيلة ممكنة للخروج من قالب الجدية الزائف الذي تصطبغ به معظم هذه المنظمات.

لكن هذا لا يعني أن يتحول الضحك إلى سخف ودعابات ومقالب تتحول مع الوقت إلى استهتار وعدم التزام، فما نعنيه هنا هو بناء بيئة عمل بعيدة عن الجمود والروتين المعوق والعنف وحرق الأعصاب والتشكير وملامح الوجه القاسية.. وقريبة من التفاعل الإيجابي والتناغم ومفعمة بالروح الإنسانية المرحة التي فطرنا الـلـه عليها.

وقد يتصور البعض «خطأ» أن نشر المرح وإشاعة البهجة يتعارضان مع الجدية

والتركيز، غير أن الدراسات الإدارية والنفسية أثبتت أن تأهيل الموظفين ليتعلموا المرح والضحك يؤدي إلى زيادة الإنتاجية والإبداع لديهم.

بل أن كثيرا من الشركات في الدول المتقدمة ترفع شعار «الإدارة المرحة» Funny Management، وتخطط أنشطة للهو وتوزيع جوائز للذين يضحكون، بل وتقيم الحفلات وتدعو فيها الكوميديين المعروفين وتتبادل فيها النكات.

والقاعدة هنا تقول: الذين يضحكون معا يبقون معا وسينجحون معا.

والضحك خير دواء... مقولة تتناقلها الأجيال منذ آلاف السنين، لكن في السنوات الأخيرة فقط ظهرت دراسات علمية وطبية تؤكد التأثير الحيوي والإيجابي الذي يتركه الضحك في النفس والبدن.

لقد أثبت لي بيرك أن الضحك والمرح يؤديان إلى تكاثر تلقائي للكريات الليمفاوية في جسم الإنسان، مما يؤدي إلى تكوين عدد أوفر من خلايا «تي» T Cells التي تعتبر عنصرا رئيسيا في الجهاز المناعي للإنسان، أي أن المرح يقينا أيضا من الأمراض، فهل لنا أن نمرح الآن؟

وأظهرت دراسات حديثة أن هناك تغيرات فسيولوجية إيجابية تصاحب لجوء الإنسان إلى الضحك والمرح، كأسلوب فعال لمواجهة أمراض العصر مثل: القلق والتوتر والخوف والغربة والانطواء والإحباط والأزمات والضغوط النفسية.

فالضحك يعمل على خفض الشعور بالألم، وإنقاص احتمالات التعرض لأمراض القلب، عبر توسيعه للشعب والشرايين المتصلة بعضلة القلب، مما يؤدي إلى زيادة كمية الأكسجين الواصلة إليه، وبالتالي تحسن وظائف الجسم بشكل عام، فإذا كانت الضغوط والتأثيرات النفسية السلبية التي يتعرض لها تضعف جهاز المناعة لديه، فإن العلماء كانوا يفترضون ـ بالمقابل ـ أن الضحك بمثابة ترياق طبيعي، وهو الأمر الذي أثبته باحثو جامعة ولاية إنديانا مؤخرا.

119

ومن جهة أخرى أكدت دراسات أجراها أخصائيو العلاج الطبيعي، أن الاسترخاء الفسيولوجي الذي يحدث عقب الضحك له نفس الأثر التطهيري الذي تحدثه التدريبات الخاصة بالاسترخاء العضلي في الجسم، ومعنى ذلك أن الضحك يخفف من الضغوط الفسيولوجية والنفسية التي يتعرض لها الإنسان في حياته اليومية، سواء كان مريضا أو معافى، وبالتالي فهو مفيد للمرضى والأصحاء على السواء.

وأخيرا يشير الباحث نورمان كوزينز في كتاب بعنوان طريف هو (بيولوجيا الأمل) إلى أن الضحك ينشط إفراز مادة الأندروفين في المخ، وهذه المادة تعمل على خفض شعور الإنسان بالألم سواء النفسي أو الجسمي، كما أنها تعمل على تنشيط جهاز المناعة لمواجهة الأمراض، مما يعني أن علاج الإنسان موجود بين شفتيه .. دون أن يدري.

وينصح الخبراء بضرورة الضحك يوميا أكثر من 3 مرات على الأقل، وليس بالضرورة إطلاق ضحكات عالية جدا حتى تتحقق الفائدة.

ونظرا لكل هذه الفوائد من وراء الضحك قامت بعض العيادات والمستشفيات في الخارج بتجهيز قاعات للضحك مزودة بوسائل لتشجيع المهني على الضحك مثل: الأفلام الكوميدية، وكتب ومجلات الكاريكاتير والنكت الضاحكة، وتقديم العروض الفكاهية..

ويستخدم أيضا في هذا المجال العلاجي الجماعي مثل رواية النكات الفكاهية في وسط مجموعة من الناس والعمل، على أن يكتسب المريض صفة التفاؤل والميل إلى الابتسامة والضحك.

لغة الصوت Sound Language :

يقول الله سبحانه وتعالى: " واقصد في مشيك واغضض من صوتك إن أنكر الأصوات لصوت الحمير(19) " (لقمان: 19).

120

والصوت هو عبارة عن ذبذبات مسموعة يطلقها الإنسان والكائنات الحية الأخرى، وحتى الأشياء تحدث أصواتا عندما تكون في حالة حركة.

والصوت يصدر عندما يمر الهواء على الأوتار أو الأحبال الصوتية، فتهتز، لذا فإن أول متطلبات الحديث بوضوح هو توفير مصدر هواء جيد للرئتين.

وننصحك هنا بأن تتعلم كيفية التنفس بعمق من الحجاب الحاجز حيث إنه يعطيك المزيد من الدعم لنفسك وتقوية درجة صوتك.

والأحبال الصوتية هذه تتفاعل مع المشاعر والأحاسيس، وتصدر الأصوات التي تتناسب مع الانفعالات الصادرة عن الشخص.

ومثلما يستطيع الموسيقار البارع أن يزيد أو ينقص من شدة أوتاره الموسيقية، فإن الإنسان يستطيع أن يتحكم في أحباله الصوتية من حيث الطبقات والنغمات، ليضيف الكثير من المعاني للكلمات والعبارات التي ينطقها.

ومن ثم احرص على تنويع طبقة الصوت وتغييرها، وطريقة إلقاء الكلمات؛ حتى تتمكن من توصيل الرسالة الصحيحة.

فالصوت يختلف عن الكلمات؛ لأن الكلمات هي عملية استخدام الصوت في قوالب معينة متعارف عليها عند المجتمعات الإنسانية. ومع أن الكلمات تنقل المعاني والأفكار بدقة للآخرين، إلا أن الصوت ينقل هو الآخر معاني أخرى ويكون النقل أحيانا بطريقة لا شعورية.

والصوت ينقل حالات :

1- الغضب.
2- الإحباط.
3- التوتر.
4- الحزن.

121

5- عدم الرغبة في الحديث مع الآخرين.

6- عدم الاستعداد للإنصات للآخرين.

ولغة الصوت تحقق عدة فوائد في عملية الاتصال نذكر منها :

1- وسيلة أخرى لجذب الانتباه.

2- وسيلة يمكن من خلالها معرفة المشاعر الحقيقية للشخص من حماس أوحزن أو عدم رضا أو قلق...

3- إن المستقبل عادة ما يحس بوحدته قبل أن يدرك بعقله، ويمكن أن تزيد من فاعلية التأثير عليه وإقناعه من خلال طريقة النطق واستخدام النغمات الصوتية التي تجذب انتباهه وتؤثر على شعوره وعواطفه.

ومن قواعد لغة الصوت أن يكون صوتك مسموعا ولكن لا تخلط بين قابلية سماع صوتك والاتصالات الفعالة، والمشكلة الأكبر بالنسبة للصوت هي التكلم بصوت رتيب، ويحتاج الأمر إلى جهد مدروس لتنويع ارتفاع ونبرة وطبقة الصوت.

ومن بعض مشكلات الصوت نذكر الآتي :

● رتيب.

● مرتفع الطبقة.

● انخفاض في الصوت عند نهاية الجمل.

● غير مسموع.

● غياب التنوع في السرعة والجهارة.

● صوت أنفي.

● تمتمة.

وتقع هذه الأنواع تحت واحدة أو أكثر من الخصائص الأربع لصوت الإنسان:

1- طبقة الصوت:

إن ما نريد تجنبه هو الرتابة في طبقة الصوت، أما ما نريده فهو التنوع أو التغيرات في مقام الصوت.

2- ارتفاع الصوت:

يعادل التحدث بصوت مرتفع في سوئه التحدث بصوت خافت جدا، إذ يجب أن يكون صوتك ذا ارتفاع صحيح إذا تخيلت أنك تتكلم إلى أشخاص يجلسون قرب مؤخرة القاعة، ولكن عليك أن تتذكر أننا بحاجة إلى تنوع في درجة الارتفاع، فتخفيض الصوت يصبح شبه همس وقد يكون ذا أثر للتأكيد يعادل ارتفاع الصوت ليبلغ حدا يقارب الصراخ، لذا فمن الجيد استخدام القليل من كلمنهما وتجنب الصوت الرتيب غير المتغير.

3- سرعة الصوت:

إن التكلم بسرعة ولفترة يحد من الاتصالات الفعالة، ولذلك إذا تحدثت ببطء شديد فسيشعر الحضور بالملل إلى درجة النعاس. إن المطلوب هو التنويع والتغيير في السرعة والتوقف لفترة وجيزة. ويعتبر عدم التوقف لفترات وجيزة أثناء الحديث من الأخطاء الشائعة التي يرتكبها المحاضرون.

4- نوعية الصوت:

هناك اختلافات كبيرة بين نوعية صوت المغنيين والمتكلمين. إن نوعية صوتك تتأثر مباشرة بدرجة معرفتك وثقتك وإيمانك بالموضوع الذي تتحدث فيه.

5- الصمت:

ومن ضمن مفردات للغة الصوت الصمت Silence، وتقول الأمثال الشعبية «إذا كان الكلام من فضة فإن السكوت من ذهب». وفي بعض الأحيان يحتاج الإنسان إلى

فترة من الصمت حتى يتأمل أو يفكر أو ينصت لكلام الآخرين بما يعطي لنفسه فرصة في فهم كلام المتحدث والتفكير في موضوع الحوار.

هذا ولقد مدح بعض الحكماء الصمت بسبع عبارات هي:

1- أنه عبارة من غير غذاء.

2- زينة من غير حلي.

3- هيبة من غير سلطان.

4- حصن من غير حارس.

5- استغناء عن الاعتذار لأحد.

6- راحة الكرام الكاتبين.

7- ستر لعيوب المتكلم.

وباختصار فإن الصوت الممتاز هو ذلك الذي تتنوع طبقاته ونبراته، ويميل إلى المقام المتوسط، وحيث تخرج الكلمات بمعدل سرعة متوسط، أما الصوت غير الجيد فهو ذلك الذي يستمر على طبقة ونغمة واحدة بشكل رتيب وممل. وحيث يكون مقام الصوت عاليا أو منخفضا، ومعدل إخراج الكلمات سريعا أو بطيئا.

والقاعدة هنا هي أن الصوت يجب أن يكون : «قويا - غنيا - دافئا - سعيدا».

هذا ويمكن ذكر نصائح إضافية تساعدك في تحسين لغة الصوت لديك مثل:

1- الحرص على القيام بالتمارين الصوتية التي تساعدك في المد وتلوين الصوت وتحسين طبقاته.

2- شرب كأس مكون من الماء الدافئ والعسل والليمون كل صباح، فهو يساعدك على تحسين الصوت وإزالة الإفرازات في الحنجرة كالبرد، وكالتعرض لتيارات هوائية، أو شرب المثلجات أو غيره.

3- تفادي رفع الصوت في المنزل وإجهاد الحنجرة.

لغة الأصابع: Fingers Language

يقول الله سبحانه وتعالى: " أو كصيب من السماء فيه ظلمات ورعد وبرق يجعلون أصابعهم في آذانهم من الصواعق حذر الموت و الله محيط بالكافرين(19)" (البقرة: 19). كصيب = كأصحاب صيب والصيب هو المطر الذي يصيب الأرض بشدة.

وإني كلما دعوتهم لتغفر لهم جعلوا أصابعهم في آذانهم واستغشوا ثيابهم وأصروا واستكبروا استكبارا (7) " (نوح: 7). استغشوا ثيابهم = بالغوا في تغطية رؤوسهم بها.

لغة الأصابع هي لغة يستخدمها البشر فيما بينهم تعتمد على استخدام الأصابع في توصيل رسالة معينة من المرسل إلى المستقبل، ويتم استقبالها بواسطة العين. وقد تكون هذه الرسالة إشارة إلى علامة النصر أو الفوز أو الهزيمة، أو إشارة تدل على ألفاظ نابية أو تدل على امتعاض من سلوك المتقبل..

أي أن الإنسان من خلال توظيف وتحريك ورفع أصابعه يستطيع أن يعبر عما يكنه ويشعر به ويريد إبلاغه..

ومن الإشارات والحركات الشائعة التي تصدر عن أصابع اليد: رفع السبابة مع الوسطى على شكل حرف « V » والتي تعني علامة النصر Victory باللغة الإنجليزية، أما الإبهام المرفوع فيدل على الموافقة والمساندة OK باللغة الإنجليزية.

إصبع مرفوع تشير إلى إبداء الرغبة في الكلام.

إصبع على الفم تشير إلى عدم الكلام لوجود شخص أو طفل نائم.

الإشارة إلى ساعة الحائط أو اليد تشير إلى أن وقت النهاية قد حان.

وعندما يتم الإشارة بأصابع اليد بشكل مباشر في وجه الشخص الآخر، فإن ذلك يدل على توجيه التهديد له..

ولغة الأصابع هي جزء من لغة الإشارة Sign Language التي يستخدمها أصحاب الإعاقة السمعة، والتي تم شرحها بشيء من التفصيل في الفصلين الثالث والسابع.

125

وفي هذه اللغة يتم استخدام الأصابع في إرسال إشارات حسية مرئية يدوية للحروف الهجائية بطرية متعارف عليها، وهي تقوم على فكرة أن كل حرف هجائي له شكل وحركة ووضع بالنسبة لأصابع الإنسان، ولذلك سميت بأبجدية الأصابع.

ويعرف محمد كشاش لغة الإشارة بأنها: مجموعة الرموز والإشارات المرئية مثل: تعبيرات الوجه ووضع الجسم وهيئة الرأس وحركات اليد. يضاف إلى ذلك نبرات الصوت وطريقة الخطاب..

بمعنى أن لغة الإشارة تعتمد على الإيماءات والإشارات وحركات الجسم التي تعبر عن الأفكار.

وهذه اللغة هي عبارة عن رموز مرئية إيمائية تستعمل بشكل منظم، وتتركب من اتحاد وتجميع شكل اليد وحركتها مع بقية أجزاء الجسم.

لغة اليدين : Hand Language

يقول الـلـه سبحانه وتعالى: "ولا تجعل يدك مغلولة إلى عنقك ولا تبسطها كل البسط فتقعد ملوما محسورا (29)" (الإسراء: 29).

مغلولة إلى عنقك ـ كناية عن الشح والبخل.

ولا تبسطها كل البسط ـ كناية عن التبذير والإسراف.

"اليوم نختم على أفواههم وتكلمنا أيديهم وتشهد أرجلهم بما كانوا يكسبون (65) "(يس: 65).

بحركة من اليد تعني سلام أو مع السلامة. والسلام باليد للتحية والشوق، وضغط اليد أثناءه يعبر عن المحبة والغرام والتماسك والاتفاق..

وبشكل أكثر تفصيلا نقول إن اليدين تستخدمان في تحية ومصافحة الآخرين..

فقد تكون التحية ألف أو كلفة أو غربة. وقد تكون المصافحة مصافحة عادية، أو ساحقة للأصابع، أو مصافحة الأصابع وليست الأيدي، أو مصافحة مزدوجة من

خلال أن المرسل يستخدم يده اليسرى أيضا لإرسال مشاعره الإضافية للمستقبل، وذلك من خلال مسك الرسغ في حالة وجود علاقة طيبة، أو توصيل رسالة إيجابية للمستقبل، أو مسك الكوع في حالة وجود علاقة قوية حميمية بين المرسل والمستقبل..

خلاصة القول فإنه يمكن أن تقول إن هناك مصافحة دافئة وصادقة يشعر بها الشخص عن طريق الشد على يده، وما يصاحب ذلك من مشاعر تنم عن التقدير والمحبة والاحترام.

وهناك مصافحة باردة يمد فيها الشخص يده بطريقة تعبر عن اللامبالاة وضعف المودة. وهناك من يعبر عن برود مشاعره أو عدائه للطرف الآخر من خلال المصافحة بأطراف أصابعه، أو المصافحة السريعة التي يسحب فيها كفه بسرعة.

كذلك من حركات اليدين الشائعة تحريك اليد على الرأس، كما لو كان الشخص يقوم فعلا بتمشيط شعره، وهي حركة يقصد بها تخفيف حدة ما يعانيه من توتر، إلا أن مراعاة عدد مرات حدوثها يبين مقدار الحالة الانفعالية للشخص، كما يسبب التوتر العصبي الإحساس بالتعرق، وتعتبر حركة تجفيف العرق سواء كان حقيقة أم وهما أو تجفيف راحتي اليدين مؤشرا واضحا على توتر ذلك الشخص. كما إن إمساك إحدى اليدين باليد الأخرى يشير إلى التحفظ أي أن الشخص يكبح شيئا، ووضع اليدين بشكل هرم مع تلامس أصابع الكفين عادة ما يشير إلى الثقة والاطمئنان.

ووضع اليدين متقاطعين أمام الصدر يدل على أن الشخص في حالة دفاعية.

وأحيانا تستخدم اليدان في تغطية الوجه في حالة مثل: الخوف أو الكسوف. كذلك في أحيان كثيرة يضع الإنسان إحدى يديه على فمه في حالة الكذب.

هذا وينصح عند الحديث مع الآخرين بعدم وضع اليد في الخصر أو في الجيب، لأن ذلك قد يعطي انطباعا عنك بأنك مغرور أو متكبر أو تريد التحدي أو لا تحترم الآخرين بالقدر الكافي.

أخيرا ننصحك بعدم استخدام يدك كثيرا في شكل إيماءات أو إشارات أو تلويحات، حتى لا تمثل عنصر تشتت للآخرين.

لغة اللمس : Touching Language

يقول الله سبحانه وتعالى : "ولو نزلنا عليك كتابا في قرطاس فلمسوه بأيديهم لقال الذين كفروا إن هذا إلا سحر مبين (7) "(الأنعام: 7).

"الله نزل أحسن الحديث كتابا متشابها مثاني تقشعر منه جلود الذين يخشون ربهم ثم تلين جلودهم وقلوبهم إلى ذكر الله ذلك هدى الله يهدي به من يشاء ومن يضلل الله فما له من هاد (23) "(الزمر: 23).

والجلد هو أحد أعضاء الإحساس لدى الإنسان، والذي يستقبل الحرارة والبرودة والألم، وتحدث من خلاله عملية اللمس.

ويقول برنت روبن في كتابه عن «الاتصال والسلوك الإنساني» أن لغة اللمس تؤثر في الإنسان قبل ولادته بوقت طويل، حيث تبدأ العلاقة اللمسية بين الأم والجنين منذ اللحظات التي يتشكل فيها في رحمها، ويستمر أثر اللمس في حياة الطفل بعد ولادته من خلال الرضاعة الطبيعية والاحتضان وتمتعه بالمحبة والحنان في كنف والديه.

والملامسة لها دلالات رمزية في حياة الشعوب. فالمصافحة والعناق تعبر مثلا عن دفء العاطفة والصداقة الحميمة. وقد تختلف طريقة الملامسة في المصافحة والاحتضان بين الجنسين حسب ثقافات الشعوب.

إن حاسة اللمس تعتبر أداة فعالة في التعبير عن العديد من المشاعر: كالخوف والحب والقلق والدفء والبرودة..

بمعنى أنه من خلال عملية اللمس يستقبل الإنسان مشاعر الآخرين تجاهه من حب وعاطفة وحنان.. بل إن اللمس يعتبر جزءا من مهام كل من: العلاج الطبيعي

والمساج والتمريض لتخفيف الآلام وهذا ما أكده كريجر Krigger في كتابه عن اللمسة العلاجية The Therapeutice Touch.

هذا ويتمثل النظام اللمسي بشعورنا باللمس، ومن خلال ذلك النظام نتلقى المعلومات الأولية المتعلقة بالعالم المحيط بنا، والتعامل مع هذه المعلومات بشكل فعال يجعلنا نشعر بالأمن، وهذا يساهم في تطورنا اجتماعيا وعاطفيا.

● النظام اللمسي المميز، وهو يتيح لنا تحديد مكان حدود اللمس وماهية ما تم لمسه.

● النظام اللمسي الحامي (Zawyna) (التنبيه عند التعرض للخطر).

إن النظام المميز والنظام الحامي مهمين جدا لترجمة المعلومات وللنجاة من الأخطار ولكي يتمكن النظام اللمسي من العمل بكفاءة، يجب أن يتلقى النظام المميز والحامي المعلومات بشكل سليم ويعملان بتناسق.

يقول أحد الباحثين في مقالة له منشورة في مجلة المنال عام 2003: إن وجود أي خلل أو اضطراب وظيفي في النظام اللمسي يؤدي إلى صعوبات كثيرة في تعلم المهارات الحركية الدقيقة، فلو افترضنا أن النظام اللمسي المميز لم يستطع استقبال عائد المعلومات بشكل سليم فهذا بالضرورة يؤدي بالنظام اللمسي الحامي إلى ترجمة الاتصال العادي على كونه يشكل خطورة، وينجم عن ذلك استجابات تتمثل بالهروب أو الخوف أو القتل (Arpecus).

إن الملامسة العادية في هذه الحالة تسبب ردود أفعال متطرفة قد تترجم على أنها سلوك سيئ قد يكون رد فعل الشخص الهرب، أو الفزع الشديد.. إلخ، وتلك السلوكيات قد تكون جسدية أو كلامية، إن الأشخاص الذين يكونون دفاعي اللمس قد يقال عنهم إنهم حساسون، بينما يكون بعض الأشخاص الآخرين ذوي أحاسيس باردة بسبب أن عقولهم لا تسجل عملية الملامسة بشكل فعال مما ينجم عنه البطء وعدم القدرة على تحديد متى وأين تم لمسهم.

إن عقلنا يتطلب كمية محددة من المعلومات الحسية وتتفاوت هذه المتطلبات من وقت إلى آخر في مواقف متعددة، وبغض النظر عن الكيفية التي يظهر بها الاختلال في نظام اللمس نفسه، فإن الأشخاص الذين يعانون من ذلك الشيء يحتاجونه للمسهم للحصول على خبرات لمسية متنوعة، ويجب أن تكون تلك الخبرات موجهة بحرص شديد لتصحيح الوسائل الخاطئة التي يستقبلها الدماغ.

ويتحقق اللمس البدني والاحتكاك في حالة المسافة الوثيقة بين اثنين من الأشخاص وهي في الغالب تكون علامة على وجود علاقة حميمة بين شخصين، ومن أمثلة هذا النوع وضع الذراعين حول كتف الآخر، أو تشابك الذراعين، أو الرقص.. إلخ. وتزداد المسافة الوثيقة في حالات الحب كما هو الحال بين المتزوجين.

على أنه ليس بالضرورة أن تكون المسافة الوثيقة علامة على وجود علاقة وثيقة، فالاقتراب من فرد غريب من الجنس الآخر مثلا ومحاولة لمسه أو الاحتكاك به في مكان عام قد تثير على العكس الاشمئزاز والنفور وتؤدي إلى نتائج عكسية. ووضع الذراعين على كتف رئيس أو أستاذ لا يثير الارتياح لديهما، بينما على العكس قد تثير الراحة إذا ما كان الرئيس أو الأستاذ هو من يضع يديه على كتف المرؤوس أو الطالب.

المفردات الرديئة في لغة الجسم:

في ضوء ما سبق يمكن أن نحدد بعض المفردات الرديئة للغة الجسم والتي ينصح بعدم استخدامها لأنها تصرف انتباه الآخرين عند اتصالهم بك، والتي تقول للآخرين أنك متوتر أو متضايق أو منزعج أو فاقد الثقة في نفسك.

1- العينان اللتان تتجنبان النظر للمتحدث.
2- مصافحة الآخرين بكف لينة رخوة أو بقوة تؤذي الآخرين.
3- الحركات العصبية.
4- الجلسة المسترخية.
5- الجلسة المتكاسلة.

6- الوقوف السلبي.

7- عض الشفاه.

8- قضم الأظافر.

9- النقر بالأصابع.

10- اللعب بالخاتم في الإصبع.

11- اللعب بالقلم أو فتحه وغلقه مرات عديدة في نفس الوقت.

12- اللعب بالمفاتيح.

13- اللعب بالنقود المعدنية في الجيب.

14- اللهو بالشعر أو بخصلات منه.

15- طقطقة مفاصل اليد.

16- طقطقة مفاصل الرجل.

17- طقطقة الرأس.

18- الاستخدام المستمر والمعتاد لبعض الأصوات مثل النحنحة والهمهمة.

131

الفصل السابع

استقصاءات عن مهارة الاتصال

أشتمل هذا الفصل على:

- 📖 استقصاء : تقدير مهاراتك في الاتصال بالآخرين.
- 📖 تدريب سلوكي : قوم نمطك الشخصي في الاتصالات.
- 📖 استقصاء : الاتصال مع الأفراد.
- 📖 اختبر فاعليتك في الاتصال في بيئة العمل.
- 📖 استقصاء : تقدير مهاراتك في الاتصال في بيئة العمل.

استقصاء : تقدير مهاراتك في الاتصال بالآخرين

من فضلك أجب عن الأسئلة التالية بصراحة وصدق :

1- أستطيع أن أحدد أهداف اتصالي مع الآخرين.

نعـم ❑ إلى حد ما ❑ لا ❑

2- أستطيع أن أدرس خصائص المستقبل للرسالة

نعـم ❑ إلى حد ما ❑ لا ❑

3- أستطيع إعداد الرسالة المناسبة المراد إرسالها.

نعـم ❑ إلى حد ما ❑ لا ❑

4- أستطيع اختيار الوسيلة المناسبة للاتصال بالآخرين.

نعـم ❑ إلى حد ما ❑ لا ❑

5- أستطيع التحدث مع الآخرين بثقة.

نعـم ❑ إلى حد ما ❑ لا ❑

6- أرحب بتساؤلات واستفسارات الآخرين.

نعـم ❑ إلى حد ما ❑ لا ❑

7- أهتم بردود الأفعال عند اتصالي بالآخرين.

نعـم ❑ إلى حد ما ❑ لا ❑

8- أراعي قواعد الكتابة الجيدة عند كتابة الخطابات والتقارير.

نعـم ❑ إلى حد ما ❑ لا ❑

9- أسجل الملاحظات والمعلومات الهامة عند مناقشة الموضوعات الهامة مع الآخرين.

نعـم ❑ إلى حد ما ❑ لا ❑

10 - استخدم وسائل الاتصال الإلكترونية الحديثة (مثل : الفاكس والحاسب الآلي) المتاحة في المنشأة التي أعمل بها.

نعم ❑ إلى حد ما ❑ لا ❑

11- أفضل الاتصال المباشر وجها لوجه عن الاتصال غير المباشر مع الآخرين (مثل الخطابات والتقارير).

نعم ❑ إلى حد ما ❑ لا ❑

12- أخطط للأحداث المهمة مثل المؤتمرات بمستوى عال من الكفاءة والفعالية.

نعم ❑ إلى حد ما ❑ لا ❑

13- أؤمن بسياسة الباب المفتوح في الاتصال بالآخرين وفي اتصالهم بي.

نعم ❑ إلى حد ما ❑ لا ❑

14- في عملي أرفع شعار الإدارة على المكشوف أو الإدارة المفتوحة .

نعم ❑ إلى حد ما ❑ لا ❑

15- أفهم كثيرا من الأمور من خلال ملاحظة لغة الجسم أو الجسد Body Language لدى الآخرين.

نعم ❑ إلى حد ما ❑ لا ❑

16- أستخدم الأمثلة والقصص في توضيح الأشياء للآخرين.

نعم ❑ إلى حد ما ❑ لا ❑

التعليمات :

1- أعط لنفسك درجتين في حالة الإجابة بـ «نعم» عن أي سؤال.

2- أعط لنفسك درجة واحدة في حالة الإجابة بـ «إلى حد ما» عن أي سؤال.

3- أعط لنفسك صفر في حالة الإجابة بـ «لا» عن أي سؤال .

4- أجمع درجاتك عن جميع الأسئلة.

تفسير النتائج :

أ- إذا حصلت على 26 درجة فأكثر فأنت ذو مهارة مرتفعة في عملية الاتصال بالآخرين. ننصحك بالاستمرار على هذا المستوى.

ب- إذا حصلت على 19-25 درجة فإن مهارة الاتصال لديك متوسطة حاول تحسينها.

ج- إذا حصلت على 18 درجة فأقل فإن مهارة الاتصال لديك ذات مستوى منخفض. عليك أن تحدد نقاط ضعفك وأن تستفيد من الوصايا السابق الإشارة إليها.

تدريب سلوكي : قوم نمطك الشخصي في الاتصالات

هل لديك فكرة عن نمطك الشخصي في مجال الاتصالات؟ سوف يعاونك الاختبار الآتي ـ والذي وضعه كل من جيرالد جرينبرج وروبرت بارون ـ والمكون من أسئلة مشابهة للأسئلة التي استخدمها العلماء في التعرف على الأنماط الستة السابقة في التعرف على نمطك الشخصي في الاتصالات.

توجيهات :

اقرأ الجمل الثمانية عشرة الآتية، فكر في الطرقة التي تستخدمها فعلا في الاتصال (وليست الطريقة التي تعتقد أنه ينبغي عليك استخدامها) إذا كنت تعتقد أن الجملة تصف أسلوبك الفعلي في الاتصال غالبا أكتب كلمة «نعم» على السطر المقابل للجملة. وإذا كنت تعتقد أن الجملة لا تصف أسلوبك الفعلي في الاتصالات في أغلب الأحوال اكتب كلمة «لا» على السطر المواجه للجملة.

(1)   عندما أتحدث إلى الغير فإنني أعبر بطريقة مباشرة عما أقصده.

(2)   أنا شخص أعبر عما أراه كما هو .

(3)   أتقاسم أفكاري بحرية مع غيري.

(4)   أعبر عما يرد إلى ذهني دون أي تردد أو تفكير.

(5)   لا أتصف بالصبر عندما يتحدث الآخرون.

(6)   عادة ما أتجنب المناقشات التفصيلية مع الآخرين.

(7)   أتمتع كثيرا بتجاذب أطراف الحديث مع الآخرين.

(8)   عادة ما أعطي تعليمات تفصيلية مطولة للآخرين.

(9)   غالبا ما أتهم بالتكرار.

(10) غالبا ما أستخدم الأمثلة والقصص في توضيح الأشياء.

(11) أتمتع بالجدل والنقاش مع الآخرين.

(12) رأيت فيما سبق من يطلب توقفي Time me out عن الحديث عندما أتكلم.

(13) عادة ما يخبرني الناس عن مشاكلهم.

(14) عادة ما أتجنب من يبدو عليهم الغضب.

(15) عادة ما يكون صوتي منخفضا أثناء الحديث.

(16) ربما أخبر شخصا آخر أنني موافق حتى ولو لم أكن موافقا.

(17) يميل الناس إلى مقاطعتي أثناء الحديث.

(18) أميل إلى التحدث مع الآخرين بأدب وأدعمهم كذلك.

طريقة حساب الدرجات:

1- أضف عدد الإجابات «نعم» على الجمل 1-6. هذه هي درجاتك في أنماط الأمراء.

2- أضف عدد الإجابات «نعم» على الجمل 7-12 . هذه هي درجاتك في أنماط الجدليين.

3- أضف عدد الإجابات نعم على الجمل 13-18 . هذه هي درجاتك في أنماط المفكرين.

4- حتى تحدد نمط اتصالك قارن درجاتك مع بعضها.

أ - إذا كانت درجاتك على المجموعة الأولى أعلى الدرجات التي حصلت عليها؛ فأنت تتبع نمط الأمراء. أما إذا كانت درجاتك على المجموعة الثانية هي الأعلى؛ فنمطك جدلي، وأما إذا كانت درجاتك على المجموعة الثالثة هي الأعلى فنمطك نمط المفكرين. هذه هي أنماط الاتصال الرئيسية.

ب- إذا كانت درجاتك في المجموعتين 1و 2 قريبتين من بعضهما ولكنهما بعيدتان من درجاتك في المجموعة الثالثة، فنمطك نمط الحكام. أما إذا كانت درجاتك في المجموعتين 2-3 قريبتين من بعضهما، ولكنهما بعيدتان من

درجتك في المجموعة 1؛ فنموذجك نموذج المرشحين للمجالس النيابية، وأخيرا فإذا كانت درجاتك في المجموعة 1 ، 3 قريبتين من بعضهما وبعيدتين من درجتك في المجموعة الثانية؛ فنمطك نمط أعضاء المجالس النيابية.

ج-   إذا كانت درجاتك في المجموعة الثلاث قريبة من بعضها، فربما لا تكون على دراية بكيفية قيامك بعملية الاتصال. أعد الاختبار وركز على أسلوب اتصالاتك الفعلي بدلا مما تعتقد أنه ينبغي عليك اتباعه.

أسئلة:

(1) ما نمط اتصالك وفقا للاختبار السابق؟ كيف تقارنه بالنمط الذي توقعته لنفسك؟

....

....

....

....

(2) بناء على توصيف أنماط الاتصالات الشخصية المذكورة في هذا الكتاب، هل تستطيع أن تخمن مبكرا أي العناصر تشير أكثر من غيرها إلى أي الأنماط؟ ما العناصر الأخرى التي يمكن إضافتها للاختبار لتحديد كل نمط من أنماط الاتصال.

....

....

....

....

(3) هل تستطيع بنجاح أن تغير نمط اتصالك ليتوافق مع نمط شخص آخر؟

....

....

....

....

استقصاء : الاتصال مع الأفراد

وضع كل من عبد الفتاح الشربيني وأحمد فهمي جلال الاستقصاء التالي والذي يمكن أن يساعدك في التعرف على درجة مهارة الاتصال مع الأفراد.

اقرأ العبارات الآتية ثم حدد درجة مهاراتك في القيام بالمهام المذكورة بوضع دائرة حول الرقم الذي يناسبك.

(1) هي اقل مستوى من المهارة و (3) أعلى درجة من المهارة.

م	المهـــــام	درجة المهارة		
1	تحديد الظروف المناسبة لتبادل المعلومات.	1	2	3
2	اختيار الوسيلة المناسبة لتحقيق الغرض من الاتصال.	1	2	3
3	إصدار التوجيهات الشفهية لتوضيح متى وأين وكيف يؤدى العمل في تسلسل منطقي وصبر وأناة.	1	2	3
4	إجراء مقابلة للحصول على المعلومات من شخص آخر.	1	2	3
5	توجيه المناقشة بالصورة التي تمكن من تبادل الآراء بإخلاص وأمانة.	1	2	3
6	التفاوض لتحقيق غرض محدد أو الاتفاق على حل وسط مرض لطرفي التفاوض.	1	2	3
7	الإصغاء التام لوجهة نظر وآراء المتحدث إليك.	1	2	3
8	توجيه عملية الاتصال بالصورة التي تحقق الغرض منه.	1	2	3

المجموع الكلي

المجموع الكلي هو مجموع الأرقام التي وضعت حولها دائرة

تفسير النتائج :

1- إذا حصلت على 17 درجة فأكثر فإن مهارة الاتصال مع الأفراد لديك مرتفعة.

2- إذا حصلت على 9-16 درجة فإن مهارة الاتصال مع الأفراد لديك متوسطة.

3- إذا حصلت على 8 درجات فأقل فإن مهارة الاتصال مع الأفراد لديك منخفضة.

اختبر فاعليتك في الاتصال في بيئة العمل

وضع أحمد سيد مصطفى هذا المقياس لمساعدتك على اختبار مدى فاعليتك في الاتصال في بيئة العمل كالتالي :

يتكون المقياس التالي من أوصاف متضادة لنمط الاتصال. فعلى كل سطر تجد جملتان تتدرجان على مقياس من (7) إلى (1). قيم نمطك في الاتصال بوضع دائرة حول الرقم الذي يتفق مع عادتك في الاتصال. إن لم تكن تعمل كمدير، تخيل كيف سيكون الوضع من واقع عملك وتجاربك في الاتصال بالناس.

أعتقد أن اتصالي بمرؤوسي :

يزيد من مصداقيتي	1	2	3	4	5	6	7	يقلل من مصداقيتي
دقيق	1	2	3	4	5	6	7	غير دقيق
واضح	1	2	3	4	5	6	7	غير واضح
يجيب على الأسئلة أكثر مما يثير أسئلة	1	2	3	4	5	6	7	يجيب عليها
فاعل(*)	1	2	3	4	5	6	7	غير فاعل
كفء	1	2	3	4	5	6	7	غير كفء
منتج	1	2	3	4	5	6	7	غير منتج
يؤدي النتائج التي أريدها	1	2	3	4	5	6	7	لا يؤدي النتائج التي أريدها
مؤثر	1	2	3	4	5	6	7	غير مؤثر

(*) الفاعلية هي قدرة على تحقيق أهداف أو نتائج مرغوبة، وهكذا فالاتصاف الفاعل هو الذي يحقق للمتصل ما يريده من آخر أو آخرين.

يهيئ صورة إيجابية عني	1	2	3	4	5	6	7	يهيئ صورة سلبية عني
جيد	1	2	3	4	5	6	7	سيئ
ماهر	1	2	3	4	5	6	7	غير ماهر
هادئ ومسترخ								مشدود متوتر
مجز								غير مجز
لا يربكني أو يحيرني								يربكني ويحيرني

الرصيد الإجمالي ... (يحسب بجمع الأرقام التي وضعت حولها دائرة)

- إن كان رصيدك الإجمالي 81 أو أكثر. فقد حللت نفسك كمتصل فاعل جدا.
- وإن كان رصيدك من 59 إلى 80، فقد حللت نفسك كمتصل فاعل.
- وإن كان من 37 إلى 58، فقد حللت نفسك كمتصل غير فاعل.
- وإن كان رصيدك الإجمالي من 15 إلى 36 فقد حللت نفسك إلى متصل غير فاعل للغاية.

ولزيادة دقة تقييم ذاتك، اسأل شخصا آخر يعرفك ليقيم نمطك الاتصالي، باستخدام هذا الاختبار، ومن الطبيعي أنك ستستطيع تحسين اتصالك - إن كنت تحتاج لذلك فعلا - بدراسة الكتاب وكذا كتب أخرى تناقش نفس الموضوع.

استقصاء : تقدير مهاراتك في الاتصال في بيئة العمل

تقدم لنا سلسلة الإدارة المثلى في كتاب «التواصل الفعال» استقصاء لتقدير مهارتك في الاتصال في بيئة العمل كالتالي :

خلال استجابتك لمجموعة العبارات التالية يمكنك تقييم طريقتك في الاتصال. ضع علامة على ما تراه يعبر عنك. كن صادقا في إجابتك إلى أقصى حد. فإذا كانت إجابتك «لا» : فضع علامة على رقم (1)، وإذا كانت «دائما» ضع علامة على رقم (4)، وهكذا، اجمع درجاتك كلها، وبالتالي يمكنك أن تحدد مستوى مهاراتك في الاتصال. واستخدم إجاباتك في تحديد المجال الذي تحتاج فيه إلى تحسين وتطوير.

اختيارات : 1- لا 2- أحيانا 3- غالبا 4- دائما

1- أؤمن بسياسة الباب المفتوح في الاتصال بالآخرين وفي اتصالهم بي.

1- لا ❑ 2- أحيانا ❑ 3- غالبا ❑ 4- دائما ❑

2- في عملي أرفع شعار الإدارة على المكشوف أو الإدارة المفتوحة.

1- لا ❑ 2- أحيانا ❑ 3- غالبا ❑ 4- دائما ❑

3- أنا أستمع بعناية، وأتأكد من أنني قد استوعبت الرسالة قبل أن أستجيب

1- لا ❑ 2- أحيانا ❑ 3- غالبا ❑ 4- دائما ❑

4- أنا أفكر جيدا في الرسالة التي أريد توصيلها للآخرين قبل أن أحدد وسيلة الاتصال المناسبة.

1- لا ❑ 2- أحيانا ❑ 3- غالبا ❑ 4- دائما ❑

5- أرحب بالمعلومات المرتدة وردود الافعال عند اتصالاتي بالآخرين.

1- لا ❑ 2- أحيانا ❑ 3- غالبا ❑ 4- دائما ❑

6- أحاول أن أستبعد أغراضي الشخصية تماما عند إصدار حكمي على الآخرين.

1- لا ❑ 2- أحيانا ❑ 3- غالبا ❑ 4- دائما ❑

7- أخطط للأحداث المهمة مثل المؤتمرات بمستوى عال من الكفاءة والفعالية.

1- لا ❑ 2- أحيانا ❑ 3- غالبا ❑ 4- دائما ❑

8- أتخدم أسلوب الاجتماع مع كل فرد على حدة لتقييم الأداء والتوجيه.

1- لا ❑ 2- أحيانا ❑ 3- غالبا ❑ 4- دائما ❑

9- أكتب بيدي كل الملاحظات التي تعطي كل المختصين معلومات يحتاجون إليها عن وظائفهم.

1- لا ❑ 2- أحيانا ❑ 3- غالبا ❑ 4- دائما ❑

10- أستخدم كل وسائل الاتصال الإلكترونية الحديثة المتاحة في شركتي.

1- لا ❑ 2- أحيانا ❑ 3- غالبا ❑ 4- دائما ❑

11- أستخدم نظاما فعالا لأخذ الملاحظات، والمقابلات الشخصية وإجراء البحوث.

1- لا ❑ 2- أحيانا ❑ 3- غالبا ❑ 4- دائما ❑

12- أقضي وقتا في إعطاء الآخرين المعلومات التي يريدونها ويحتاجون إليها.

1- لا ❑ 2- أحيانا ❑ 3- غالبا ❑ 4- دائما ❑

13- أسأل الآخرين لاكتشاف طريقة تفكيرهم وكيفية أدائهم.

1- لا ❑ 2- أحيانا ❑ 3- غالبا ❑ 4- دائما ❑

14 - أستغل إمكانات الهاتف المتاحة عندي لتحسين عملية الاتصال.

1- لا ❑ 2- أحيانا ❑ 3- غالبا ❑ 4- دائما ❑

15- أطبق كافة قواعد الكتابة الجيدة في جميع اتصالاتي الداخلية والخارجية.

1- لا ☐   2- أحيانا ☐   3- غالبا ☐   4- دائما ☐

16- أراجع الخطابات والمستندات المهمة بأمانة قبل أن أتخذ القرار.

1- لا ☐   2- أحيانا ☐   3- غالبا ☐   4- دائما ☐

17- أستخدم أساليب القراءة السريعة لزيادة كفاءتي في العمل.

1- لا ☐   2- أحيانا ☐   3- غالبا ☐   4- دائما ☐

18- لي دور فعال وملموس في التدريب الداخلي.

1- لا ☐   2- أحيانا ☐   3- غالبا ☐   4- دائما ☐

19- أطبق قواعد البيع الهادئ وغير الهادئ بكفاءة لخدمة أهداف الشركة.

1- لا ☐   2- أحيانا ☐   3- غالبا ☐   4- دائما ☐

20- أعد تقاريري بدقة، وتكون واضحة ومرتبة بشكل جيد.

1- لا ☐   2- أحيانا ☐   3- غالبا ☐   4- دائما ☐

21- أحاول أن أتفهم تماما ماهية ردود أفعال الجمهور تجاه المؤسسة التي أعمل بها.

1- لا ☐   2- أحيانا ☐   3- غالبا ☐   4- دائما ☐

22- أعد خطبي بعناية وألقيها بشكل جيد بعد تجربتها أولا.

1- لا ☐   2- أحيانا ☐   3- غالبا ☐   4- دائما ☐

23- أخطط للأحداث المهمة مثل المؤتمرات بمستوى عال من الكفاءة والقدرة.

1- لا ☐   2- أحيانا ☐   3- غالبا ☐   4- دائما ☐

24- أشترك في المفاوضات وأنا مستعد لها تماما، وأعرف أهدافي وأهداف الآخرين فيها.

1- لا ☐   2- أحيانا ☐   3- غالبا ☐   4- دائما ☐

25-لا أقدم أي اقتراح للتطوير إلا بعد البحث الدقيق، وتحديد كافة المقومات اللازمة لتطبيقه.

1- لا ❑ 2- أحيانا ❑ 3- غالبا ❑ 4- دائما ❑

26- أنا أعرف تماما ما يمكن أن يقوم به المعلنون المؤهلون في تحسين العلاقات العامة للمؤسسة.

1- لا ❑ 2- أحيانا ❑ 3- غالبا ❑ 4- دائما ❑

27- لي اتصالات مفيدة مع الصحفيين وبعض المسئولين عن وسائل الإعلام.

1- لا ❑ 2- أحيانا ❑ 3- غالبا ❑ 4- دائما ❑

28- علاقاتي مع وكالات الإعلان مبنية على التحديد الواضح لأهداف العمل.

1- لا ❑ 2- أحيانا ❑ 3- غالبا ❑ 4- دائما ❑

29- أستلم المعلومات المرتدة من الآخرين، وأتصرف بإيجابية تجاهها.

1- لا ❑ 2- أحيانا ❑ 3- غالبا ❑ 4- دائما ❑

30- أنا أؤمن بالتخصص في العمل حيث أن تصميم الأعمال يجب أن يقوم به متخصصون.

1- لا ❑ 2- أحيانا ❑ 3- غالبا ❑ 4- دائما ❑

31- أعطي أهمية كبيرة للاتصالات المستمرة مع الموظفين.

1- لا ❑ 2- أحيانا ❑ 3- غالبا ❑ 4- دائما ❑

32- لدي إستراتيجية متعلقة بالاتصالات، وأقوم بتقييم مستمر لسياستها.

1- لا ❑ 2- أحيانا ❑ 3- غالبا ❑ 4- دائما ❑

التحليل :

إذا كنت قد قمت بالإجابة عن جميع العبارات السابقة، فاجمع الدرجات الكلية، ومن ثم سوف تتعرف على درجتك عندما تمارس مهام الاتصالات الداخلية والخارجية. ومن المهم دائماً أن تعرف إنه إذا كان هناك قصور فإنه يمكن تحسينه، فما عليك إلا أن تحدد نقاط الضعف، وتحدد موقع الحديث عنها في هذا الكتاب، فلا شك أنك ستجد بعض النصائح العملية التي سوف تساعد على علاج هذا القصور وتحسين فعاليتك في الاتصال.

● الدرجات من 32-64 تعكس انخفاض كفاءة الاتصال، أو أن الاتصال غير كفء.

● ومن 65-95 تعني أن مهارات الاتصال متوسطة، حاول تحسينها.

● ومن 96-128 تعكس ارتفاع مهارات الاتصال، حاول المحافظة على هذا المستوى.

الفصل الثامن

مهارات الاتصال الفعال

أشتمل هذا الفصل على:

- 📖 مهارة الإنصات.
- 📖 مهارة الحديث.
- 📖 مهارة الحوار مع الآخرين.
- 📖 مهارة الإقناع.
- 📖 مهارة الملاحظة.
- 📖 مهارة القراءة.
- 📖 مهارة الكتابة.

من مهارات الاتصال نذكر :

1- مهارة الإنصات.

2- مهارة الحديث.

3- مهارة الحوار مع الآخرين.

4- مهارة الإقناع.

5- مهارة الملاحظة.

6- مهارة القراءة.

7- مهارة الكتابة.

وسوف نتحدث باختصار عن هذه المهارات كالتالي :

1- مهارة الإنصات :

مقدمــة :

يقول اللـه سبحانه وتعالى " وإذا قرئ القرآن فاستمعوا له وأنصتوا لعلكم ترحمون (204)" (الأعراف : 204).

يقول ديوجين : «لدى كل منا أذنان اثنتان وفم واحد.. كي نسمع كثيرا ونتكلم قليلا». ويقول ابن المقفع : «تعلم حسن الاستماع كما تتعلم حسن الكلام، ومن حسن الاستماع إمهال المتكلم حتى ينقضي حديثه وقلة التلفت إلى الجواب، والإقبال بالوجه، والنظر إلى المتكلم، والوعي لما يقول. واعلم فيما تكلم به صاحبك أنه مما يستهجن صواب ما يأتي به، ويذهب بطعمه وبهجته، ويرزي به في قبوله، عجلتك بذلك، وقطعك حديث الرجل، قبل أن يفضى إليك بذات نفسه .»

ولقد مدح بعض الحكماء الصمت بسبع عبارات هي :
1- أنه عبادة من غير غذاء.

2- زينة من غير حلي.

3- هيبة من غير سلطان.

4- حصن من غير حارس.

5- استغناء عن الاعتذار لأحد؟

6- راحة الكرام الكاتبين.

7- ستر لعيوب المتكلم.

تعريف الإنصات :

الإنصات لغويا ، مصدرا للفعل نصت، بمعنى ترك الكلام من أجل الاستماع وتفهم كلام المتحدث. ويستخدم مصطلح الإنصات كترجمة عربية لاصطلاح Listening بمعنى الإصغاء والاستماع الجيد ومحاولة الفهم.

هذا ويعرف الإنصات بأنه هو إعمال العقل بكامل طاقته في كل ما تم استقباله بمعرفة الحواس المستقبلة، ويتم ذلك بمعالجة الرسالة المستقبلة ذهنيا بالتفسير والترجمة الموضوعية كمرحلة أولية يتلوها مرحلة تالية من المعالجة الذهنية بالتقييم والربط بينهما وبين غيرها من الموضوعات والأحداث وبناء على نتيجة هذه المعالجات تتم الاستجابة للمؤثر المتمثل في الرسالة وبذلك يتحقق الهدف من الاتصال.

كذلك هناك من يعرف الإنصات بأنه تركيز الانتباه على آراء وأفكار ومشاعر وتعبيرات الآخرين اللغوية والجسمية وعدم الاعتماد على محتوى الكلمات ولكن الوصول إلى اتجاهات المتحدث.

الإنصات والاستماع :

وهناك فرق بين الاستماع Hearing والإنصات .. فالإنصات أعمل وأشمل من الاستماع. والاستماع شرط من شروط الإنصات ومرحلة من مراحله، والاستماع يتم بواسطة الأذن، بينما الإنصات يتم من خلال العقل.

أسباب الإنصات :

إن الإنصات هو عملية اتصال في المرتبة الأولى ونحن نستخدم الإنصات لأسباب عديدة منها :

1- نقل المعلومات.
2- التعارف.
3- تبادل المشاعر.
4- الفهم والاستيعاب.

بكلمات أخرى يمكن أن نحدد الأسباب التي تؤدي بالناس إلى الإنصات في الآتي :

1- أن تحب المتحدث أو تكون معجبا به.
2- أن تعتقد أن المتحدث لديه ما يستحق الاستماع.
3- أن يكون هناك احتمال الثواب أو العقاب في الإنصات أو عدمه.
4- حينما تعتقد أن هناك احتمالا بأن يطلب منك التعليق على النقطة التي تم الحديث عنها.
5- أن تعتقد إذا أنصت جيدا للمتكلم فإنك تستطيع مناقشته فيما بعد.

مراحل الإنصات :

وتمر عملية الإنصات بمراحل يمكن تحديدها بإيجاز في الآتي :

1- الانتباه والتركيز.
2- الاستماع.
3- محاولة فهم المرسل (المتحدث).
4- تشجيع المرسل على الاستمرار من خلال الاستجابة البناءة سواء بالكلمة أو الحركة التي تساعد المرسل على التعبير الحر عن أفكاره.

شروط الإنصات الجيد :

يمكن تحديد شروط الإنصات الجيد في الآتي :

1- الاستعداد.

2- الانتباه.

3- التركيز.

4- الاستماع الواعي.

5- محاولة الفهم .

6- الاستفسار في حالة عدم الفهم .

7- تشجيع المرسل على الاستمرار.

هذا ولقد وضع برونيل Brownell (1985) نموذج للإنصات الجيد، محددا شروطا مشابهة لما سبق ذكره. والشكل رقم (7) يعرض لهذا النموذج والمكون من ستة عناصر هي: الاستماع، والفهم ، والتذكر ، والشرح ، وتقويم محتويات الرسالة، ثم الرد عليها.

أهمية الإنصات :

الإنصات له أهمية كبيرة في تحقيق التواصل مع الناس، ومساعدتهم، وتوصيل الشعور بتقبلهم، والتجاوب معهم، والاحترام لهم .. بل إن الإنصات الجيد للآخرين يساعدك على إقناع الآخرين بآرائك وأفكارك، بعد معرفة موقفهم تجاه موضوع النقاش. كذلك يمكن أن نقول أن الإنصات الجيد هو أقصر الطرق للفهم والاستيعاب.

إن إجادة فن الإنصات هي أفضل وسيلة للدفاع عن الآراء والأفكار والحقائق وإقناع الآخرين بها، كما أنه من أهم مبادئ النجاح في التعامل مع الآخرين والتأثير فيهم.

هذا ويحتاج الإنسان سواء في حياته الشخصية أم الوظيفية إلى أن يتعلم مهارة الإنصات Listening للآخرين، فالزوج يحتاج إلى أن ينصت إلى زوجته والزوجة تحتاج إلى أن تنصت إلى الزوج.. والطبيب يحتاج إلى أن ينصت إلى المريض، والمدرس يحتاج إلى أن ينصت إلى تلاميذه والموظف يحتاج إلى أن ينصت إلى العملاء أو الجمهور.

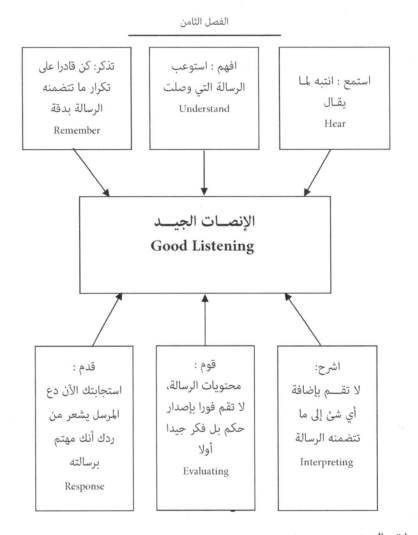

الإنصات والزمن :

لقد أوضحت الدراسات أننا نقضي 80% من ساعات العمل في عمليات الاتصالات (حديث أو إنصات) منها ما لا يقل عن 45% يقضيه المرء في عملية الإنصات وحده .

ومع كل هذه الأهمية والفوائد للإنصات، إلا أن معظم الأفراد لا يجيدون الإنصات

الفعال، حيث أثبتت الدراسات أنه بعد الإنصات المستمر لمدة عشر دقائق، لا يتجاوز الشخص ما سمعه وفهمه عن نصف ما قيل تقريبا. وخلال 48 ساعة يفقد 50% منها لتنتهي الرسالة عمليا إلى 25% من أصلها. بمعنى آخر أننا نحتجز في ذاكرتنا ما لا يزيد عن ربع ما نسمعه وننصت إليه.

عقبات الإنصات الجيد :

ومن العقبات التي قد تقلل درجة الإنصات لديك نذكر :

1- شعورك الملح بأنه يجب عليك الإجابة عن شيء ما أو تقريره.

2- الحكم على الكلام الصادر من المتكلم. كما يفعل بعض المتعمقين في اللغة حيث إنهم يخرجون عن موضوع الحديث تماما بسبب خطأ قد يقع من المتكلم في الإعراب مثلا.

3- أن تسمع وأنت في عجلة من أمرك. من أجل أن تكرم صديقا لك أو تحابيه، ولو عرفت أن الوقت الذي تضيعه بدون فهم هو نفسه لو حاولت أن تفهم لما تعجلت.

4- أن تسمع ما تريد سماعه فقط ـ فتختار مما قال ما تحب أن تسمعه فقط وتهمل ما عداه.

5- أن يكون لديك ما تود قوله ويلح عليك وتتحين الفرصة لمقاطعة محدثك حتى تدلي بما لديك.

6- أن تكون مشغول البال تماما مما لا يفسح مجالا للسماع من الآخرين.

7- أن لا تكون متفقا في الرأي مع محدثك أو مقتنعا سلفا أنك وإياه متناقضان في المبدأ.

8- أن ترى محدثك كشخص لا ينتمي إليك ولا تنتمي إليه، لكل منكما أفكار متعارضة.

9- أن تكون منصرف الذهن عن محدثك أو محملقا فيه دون متابعة أو تركيز.

ما الذي تفعله لتستطيع الإنصات بشكل جيد ؟

1- أن تنصت للأفكار وليس الجمل العبارات ، فربما تكون الجمل غير موضحة للمعنى.

2- أن تعرف المحتوى الحقيقي والمراد من وراء كلام المتحدث أكثر من التعرف على الظاهر منه.

3- فكر للأمام للاستعداد للنقطة التالية. لتربط بينها وبين النقطة الأولى وهكذا حتى نكون موضوعا متكاملا، ولكن احذر اعتقاد أو افتراض النقطة التالية.

4- لا تندفع بتحضير الرد على الحديث.

5- تجنب الأحكام المتعجلة.

6- ضع في عقلك دائما أن الحديث مستمر حتى ميعاد الانتهاء، فلا تكن متلهفا على فترات في وسط الحديث يتوقف فيها ولا تنتظر وقت الانتهاء وتظل تنظر في الساعة كل دقيقة.

7- أن يكون ذهنك حاضرا عند سياق الأمثلة حتى تربط بينها وبين المراد توضيحه بها.

تذكر أن انعدام مهارة الإنصات الفعال مكلفة للغاية، حيث يترتب عليها على سبيل المثال، إعادة تنفيذ الأعمال مرة أخرى، والوقوع في أخطاء عديدة .. لأن الإنصات للآخرين يوفر لك كثيرا من المعلومات التي تهمك في الحياة والعمل أو الدراسة.

ومن أهم المشكلات التي تواجه إدارة المنظمات وتؤدي إلى مشكلات كثيرة، عدم قدرة المديرين على الإنصات للآخرين والتركيز لما يقال. وتعتبر مهارة الإنصات من المهارات السلوكية الضرورية لنجاح المدير في إنجاز المهام المطلوبة والمتوقعة منه. فهل أنت ممن يجيدون فن الإنصات؟

استقصاء : هل أنت منصت جيد ؟

الآن ما مدى قدراتك على الإنصات الجيد وبتركيز؟ لتعرف الرد، عليك بالإجابة عن الأسئلة الآتية بـ «نعم» أو «أحيانا» أو «لا».

عندما تنصت للآخرين أثناء حديثهم معك :

1- هل تعطي لهم الإحساس بالاهتمام بحديثهم ؟.

نعم ❑ أحيانا ❑ لا ❑

2- هل توفر الانتباه والتركيز لحديثهم ؟

نعم ❑ أحيانا ❑ لا ❑

3- هل تشعر المتحدث بأنك متابع لحديثه من خلال إشارة حركية أو صوتية؟

نعم ❑ أحيانا ❑ لا ❑

4- هل تستخلص كثيرا من الأمور خلال الحركات الجسمانية ونبرات الصوت لدى المتحدث؟

نعم ❑ أحيانا ❑ لا ❑

5- هل تقوم بتسجيل بعض النقاط المهمة التي وردت في الحديث أو الحوار؟

نعم ❑ أحيانا ❑ لا ❑

6- هل تترك المتحدث حتى ينتهي من حديثه ثم تقوم بمناقشته ؟

نعم ❑ أحيانا ❑ لا ❑

7- في حالة عدم فهمك إحدى الأفكار التي طرحت في الحديث، هل تستوضح هذه الفكرة من المتحدث ؟

نعم ❑ أحيانا ❑ لا ❑

8- هل توافق على هذه العبارة : فن الإنصات يتطلب أن أكون مبتسما بدرجة مقبولة وفي الأوقات المناسبة ؟

نعم ☐   أحيانا ☐   لا ☐

9- هل ترد على الهاتف أثناء حديثك مع الآخرين ؟

نعم ☐   أحيانا ☐   لا ☐

10- هل تنصت إلى ما يهمك من الكلام فقط، وتعرض عن دونه؟

نعم ☐   أحيانا ☐   لا ☐

11- هل تقاطع المتحدث كثيرا عند حديثه معك ؟

نعم ☐   أحيانا ☐   لا ☐

12- هل توحي للمتحدث بأنك معه في حين أنك لست كذلك ؟

نعم ☐   أحيانا ☐   لا ☐

التعليمات :

1- أعط لنفسك درجتان في حالة الإجابة بـ «نعم» عن الأسئلة من 1 إلى 8، وفي حالة الإجابة بـ «لا» عن الأسئلة من 9 إلى 12.

2- أعط لنفسك درجة واحدة في حالة الإجابة بـ «أحيانا» عن جميع الأسئلة.

3- أجمع جميع درجاتك عن جميع الأسئلة.

تفسير النتائج :

أ- إذا حصلت على 17 درجات فأكثر ، فأنت منصت جيد تحترم الآخرين وتهتم بهم عندما يتحدثون معك .. وأغلب الناس يستمتعون بالحديث معك، وهم سعداء لإنصاتك وانتباهك لحديثهم.

158

ب- إذا حصلت على 9-16 درجات فأنت أحيانا منصت جيد وأحيانا أخرى لا، وذلك عندما يكون موضوع الحديث وشخصية المتحدث غير ذي أهمية بالنسبة إليك أو أن انتباهك وتركيزك في الحديث يتأثران ببعض الأمور التي تشتت ذهنك وتبعده عن المتحدث.

ج- أخيرا، إذا حصلت على 8 درجات فأقل فأنت شخص غير منصت للآخرين، أنت تستمع إليهم بأذنك فقط ، لا بعقلك.. وهذا يعرضك للوقوع في أخطاء عدة، لأن الإنصات للآخرين يوفر لك كثيرا من المعلومات التي تهمك في الحياة والعمل أو الدراسة.

أغلب الناس لا يحبون الاتصال بك ، لأنهم ليسوا أغبياء، ولأنهم يدركون إنك لا تحترمهم ولا تهتم بهم نظرا لعدم إنصاتك إليهم.

ننصحك بإعادة قراءة المقدمة والأسئلة مرة أخرى .

2- مهارة الحديث:

مقدمة :

التحدث مع الآخرين عملية يمارسها الإنسان منذ الصغر في أشكال وصور مختلفة ولذلك فإن التحدث فن يمكن تعلمه .

والاتصال الناجح والفعال مع الآخرين، يحتاج منا إلى لباقة في الحديث، واللباقة في مخاطبة الناس تحتاج إلى صفات نذكر منها :

1- وضوح الفكرة لدى المتحدث.

2- اختيار وسيلة الاتصال المناسبة (مثل المكالمة الهاتفية أو إرسال خطاب أو فاكس أو عقد مقابلة أو اجتماع).

3- البساطة في الحديث.

4- التواضع.

5- الذوق السليم في الملبس.

6- الاختصار في الكلام .. فقد أوصى حكيم ابنه قائلا : إذا تحدثت فاختصر، فإن كثرة الكلام تؤدي إلى الخطأ.

7- خفض الصوت عند الحديث. يقول الله سبحانه تعالى في سورة لقمان " واقصد في مشيك واغضض من صوتك إن أنكر الأصوات لصوت الحمير (19)" (لقمان : 19).

8- انتقاء الكلمات المعبرة والمؤثرة.

9- عرض بعض الأمثلة والخبرات والتجارب وسرد بعض القصص، بما يحقق عنصر التشويق وجذب الانتباه لدى الحاضرين.

10- الاستفادة من لغة الجسم (الإشارات ، الحركات ، الإيماءات ، نغمة الصوت) في توصيل الرسالة أو الفكرة للآخرين.

11- احترام الناس.

12- الموضوعية في التعامل مع الناس.

13- الإنصات للآخرين عندما يتحدثون.

يقدم لك جاي كونغر، أستاذ إدارة الأعمال، هذه النصيحة، حيث يقول: «إن أفضل طريقة لتبادل الأفكار وتوصيلها هي تقديم المعلومات والحقائق بصورة قوية وبسيطة، وفي الوقت نفسه مختصرة»

ويضيف بول كليمان جاجو، مؤلف كتاب «فن الكلام» نصائح أخرى لك في هذا السياق هي :

1- كن واضحا ودقيقا عند التحدث مع الآخرين.

2- اجعل حديثك مشوقا وجذابا.

3- حاول أن تترك انطباعا جيدا منذ البداية.

4- اعرف كيف تؤثر في الآخرين.

5- استعد قبل التحدث مع الآخرين من خلال إعداد نفسك والتخطيط للحدث.

أدوات تقييم المتحدث :

هناك أدوات عديدة يمكن بناء عليها تقييم المتحدث، نذكر منها:

Attention	جذب الانتباه	1-
Body Language	لغة الجسم	2-
Eye Contact	التواصل البصري	3-
Sound	نغمة الصوت	4-
Content	المحتوى	5-
Self Confidence	الثقة بالنفس	6-
Conclusion	الملخص	7-

استقصاء : هل أنت متحدث لبق ؟

يرجى الإجابة عن الأسئلة الآتية بـ «نعم» أو «أحيانا» أو «لا».

1- هل تقوم بالتحضير الجيد والتخطيط السليم قبل التحدث مع الآخرين ؟

نعم ❑ أحيانا ❑ لا ❑

2- عند محادثتك للآخرين، هل تحدد فكرك وما تريد أن تقوله في نقاط ؟

نعم ❑ أحيانا ❑ لا ❑

3- هل تحاول أثناء حديثك مع الآخرين أن تنتقي الكلمات المناسبة والمعبرة؟

نعم ❑ أحيانا ❑ لا ❑

4- عند حديثك مع الناس (في اجتماع أو ندوة) هل تقرأ عليهم ما كتبته في أوراق فقط من دون أي تعديل أو تحوير منك يناسب الموقف؟

نعم ❑ أحيانا ❑ لا ❑

5- هل تتحدث مع الناس بالسرعة التي تناسبهم ؟

نعم ❑ أحيانا ❑ لا ❑

6- هل تستخدم عبارات مفهومة وتشرح المصطلحات التي قد يصعب على الآخرين فهمها؟

نعم ❑ أحيانا ❑ لا ❑

7- هل تغير من نغمة صوتك، حسب طبيعة الحديث، للتأثير في الآخرين ؟

نعم ❑ أحيانا ❑ لا ❑

8- إذا سألك أحد الحاضرين سؤالا محرجا أو سؤالا بسيطا جدا، أو سؤالا تكرر من قبل، هل تجيب عنه ؟

نعم ❑ أحيانا ❑ لا ❑

9- عند حديثك مع الناس ؛ هل تنظر إليهم جميعا ؟

نعم ☐   أحيانا ☐   لا ☐

10- هل رغبتك في التحدث والاسترسال في الكلام تشغلك عن الإصغاء التام للآخرين؟

نعم ☐   أحيانا ☐   لا ☐

11- هل تستخدم لغة الجسم في التعبير عن أفكارك ومشاعرك؟

نعم ☐   أحيانا ☐   لا ☐

12- هل تمتدح الآخرين من دون مبالغة ؟

نعم ☐   أحيانا ☐   لا ☐

13- هل تستخدم الفكاهات بحساب وعندما يستدعي الحديث ذلك ؟

نعم ☐   أحيانا ☐   لا ☐

14- هل تقاطع المتحدث قبل استكمال كلامه ؟

نعم ☐   أحيانا ☐   لا ☐

15- هل تتفوه بكلمات بذيئة أو مؤذية في الرد على من أساء إليك ؟

نعم ☐   أحيانا ☐   لا ☐

16- هل تراعي الوقت المحدد للحديث وتختصر في الكلام ؟

نعم ☐   أحيانا ☐   لا ☐

17- عند إنهاء الحديث هل تلخص للحاضرين النقاط الرئيسية التي تناولتها؟

نعم ☐   أحيانا ☐   لا ☐

18- إذا ضحك الحاضرون على موقف أو سلوك ما ، هل تسخر من ذلك ؟

نعم ☐   أحيانا ☐   لا ☐

19 - إذا ساعدك أحد الحاضرين في شئ ما ، هل تشكره على ذلك ؟

نعم ☐   أحيانا ☐   لا ☐

20- إذا اختلف أحد الحاضرين معك في الرأي ، هل تناقشه باهتمام ؟

نعم ☐ أحيانا ☐ لا ☐

21- هل تنتقي ملبسك بحيث تبدو أنيقا أمام الآخرين ؟

نعم ☐ أحيانا ☐ لا ☐

22- هل تتحدث مع الناس بكبر وعدم تواضع ؟

نعم ☐ أحيانا ☐ لا ☐

23- في نهاية الاجتماع أو المقابلة ، هل تصافح الحاضرين وتلقي السلام عليهم؟

نعم ☐ أحيانا ☐ لا ☐

24- هل تمتدح نفسك كثيرا أمام الناس ؟

نعم ☐ أحيانا ☐ لا ☐

التعليمات :

1- أعط لنفسك درجتان في حالة الإجابة بـ «نعم» عن جميع الأسئلة عدا الأسئلة 4 ، 10، 14، 15، 18، 22، 24، فأعط لنفسك درجتان في حالة الإجابة بـ «لا» .

2- أعط لنفسك درجة واحدة في حالة الإجابة بـ «أحيانا» عن جميع الأسئلة.

3- أجمع جميع درجاتك عن جميع الأسئلة.

تفسير النتائج :

أ - إذا حصلت على 33 درجة فأكثر ، فأنت متحدث لبق بشكل كبير، لديك صفات عدة جعلت منك شخصا مؤثرا عندما يتحدث مع الآخرين، وخطيبا ممتازا في الاجتماعات والندوات واللقاءات.

ب- إذا حصلت على 17-32 درجة فأنت متحدث لبق بدرجة متوسطة تراعي بعض قواعد التحدث مع الناس، ولا تراعي البعض الآخر، راجع مقدمة الاستقصاء حتى تتعرف إلى هذه القواعد بشكل أكثر.

ج- إذا حصلت على 16 درجة فأقل، فأنت متحدث غير لبق، لا تجيد الاتصال مع الآخرين، وبخاصة عندما يكونون في شكل جمعي، حديثك غالبا غير مؤثر وغير جذاب لدى الآخرين .

استقصاء : هل أنت متحدث جيد ؟

من فضلك أجب عن الأسئلة التالية بكل صدق وصراحة :

السؤال	الإجابة		
	نعم 0	أحيانا 1	لا 2
1- هل أنت ميال إلى مقاطعة الآخرين قبل أن ينتهوا من حديثهم؟			
2- هل أنت ضعيف في قواعد اللغة ؟			
3- هل تميل إلى استخدام الكلمات الضخمة بينما هناك كلمات أبسط وأوضح ووقعها على الأذن أكثر طبيعية ؟			
4- هل لديك ميول نحو احتكار المناقشة؟			
5- هل تتحدث بسرعة كبيرة ؟			
6- عندما يتحدث شخص آخر هل تفكر فيما سوف تقوله بعده. أم أنك فعلا وحقيقة تستمع لما يقوله؟			
7- هل تلف وتدور في حديثك بدلا من الدخول مباشرة في الموضوع؟			
8- هل تتحدث كثيرا عن نفسك؟			
9- هل تستخدم جمل ليس لها معنى مثل (انظر ماذا أعني)؟			
10- هل تستخدم لزمات معينة في حديثك مثل آ..آ..آ.. واخد بالك أنت .. إلخ أو تهمهم في الكلام ؟			
11- هل تميل «للتحدث عن» وليس«التحدث» مع الناس ؟			

			12- هل تتجنب النظر مباشرة للشخص الذي تحدثه ؟
			13- هل تميل أن تبدو أنك تعرف كل شئ في محادثتك
			14- هل تميل للتحدث فقط عما يهمك؟
			15- هل تفشل في تشجيع الآخرين في التعبير عـن أنفسـهم عـن طريق سؤالهم أو المرونة في الآراء؟
			المجمــــوع

المجموع الكلي =

تفسير الدرجات :

1- إذا حصلت على 21 درجة فأكثر فإن مهارة الحديث لديك متميزة.

2- إذا حصلت على 11-20 درجة فإن مهارة الحديث لديك متوسطة.

3- إذا حصلت على 10 درجات فأقل فإن مهارة الحديث لديك منخفضة.

3- مهارة الحوار مع الآخرين Dialog :

الاختلاف بين الناس في شئونهم أمر قديم وسيبقى هذا الاختلاف بينهم إلى أن يرث اللـه الأرض ومن عليها. وهذه الحقيقة قد أكدها القرآن الكريم في كثير من آياته، ومن ذلك قوله تعالى : "ولو شاء ربك لجعل الناس أمة واحدة ولا يزالون مختلفين (118) إلا من رحم ربك ولذلك خلقهم وتمت كلمة ربك لأملأن جهنم من الجنة والناس أجمعين (119) " (سورة هود: 118-119).

والاختلاف بين الناس في القضايا التي تهمهم له أسباب متعددة وبواعث متنوعة، نذكر منها:

1- عدم وضوح الرؤية للموضوع من كل جوانبه.
2- التعصب للرأي.
3- الاختلاف في تحديد مفاهيم الأشياء.
4- التنافس على موارد مشتركة.
5- عدم توافق الأهداف.
6- الفروق الفردية بين الناس.
7- الاختلافات التعليمية والمهنية والثقافية والاجتماعية بين الناس.

وهذا بدوره قد يؤدي إلى ظهور اختلاف في الرأي أو تناقض في الفكر أو تعارض في الاتجاه أو نشوء صراع فيما بينهم.

ويظهر ذلك في صورة صوت عال (صراخ) أو نقاش حاد أو انقسامات شديدة أو نزاعات واضحة أو باطنة بين الناس حول القضايا التي تهم أو الموضوعات الخلافية التي يتم مناقشتها..

أسس وآداب الحوار مع الآخرين:

في كتابه عن أدب الحوار في الإسلام أشار محمد سيد طنطاوي إلى أن المناظرة هي الوصول إلى الحق والصواب في الموضوع الذي اختلفت آراء المشاركين فيه. وذلك عن طريق الحوار والنقاش وتقديم الحجج والبراهين. بينما المكابرة هي نقاش الهوى أو مجرد إثبات الذات أو إثبات الوجود أو بغرض الشهرة أو غير ذلك من تصرفات لا تغني عن الحق شيئا.

ومن أسس وآداب الحوار مع الآخرين نذكر :

1- الفهم العميق لموضوع الحوار.

2- جمع المعلومات والأدلة والبراهين المرتبطة بموضوع الحوار.

3- العرض المنطقي والشيق والجذاب لهذه المعلومات والأدلة والبراهين.

4- الصدق أقصر الطرق للإقناع.

5- الموضوعية وعدم التحيز وتجنب الهوى في الحكم على الأمور والأشخاص، وعدم الخروج عن الموضوع الذي هو محل النزاع أو الخلاف.

6- التواضع وتجنب الغرور والتزام آداب الحديث.

7- إعطاء الطرف الآخر الحق في التعبير دون مصادرة لقوله أو إساءة إلى شخصه.

8- احترام الرأي الصائب واحترام رأي العقلاء.

9- الابتعاد عن الألفاظ السوقية والعامية البحتة وعبارات المبالغة والتهوين.

4- مهارة الإقناع Conviction – Persuasion :

الإقناع هو القدرة على التأثير في الآخرين لتحقيق التجاوب منهم. فالإقناع عملية يهدف منها جعل طرف آخر (شخص/جماعة/...) من أن يقبل رأي معين أو فكرة معينة أو يقوم بعمل معين.

أي أن الإقناع هو محاولة الترغيب عن طريق العقل والمنطق والمعرفة لجعل الآخرين يقبلوا تغيير آرائهم واتجاهاتهم أو سلوكياتهم .

أي أن الإقناع هو وسيلة لتحقيق هدف معين، قد يكون تغيير معلومة / اتجاه/ سلوك لدى طرف آخر.

والإقناع إحدى المهارات اللازمة لأي فرد، وتعتمد بالأساس على مهارات الاتصال وتستخدم في المقابلات الشخصية والمناقشات الجماعية والاجتماعات وجلسات التفاوض وبرامج التوعية والإرشاد والحديث مع القيادات والمسئولين.

من الأقوال المعروفة أنه لكي تحقق النجاح ليس المهم ما تعتقده أنت، بقدر ما تستطيع

أن تجعل الطرف الآخر يدرك ذلك وفي كل يوم يواجه منا موقفا واحدا على الأقل، يجب أن يحاول فيه إقناع شخص ما بأن يفعل ما يريد في حياتنا في المنزل والعمل ومع الآخرين وحتى تستطيع أن تقنع الآخرين عليك أن تراعي الاعتبارات التالية:

1- ترك انطباع جيد لدى الطرف الآخر.

2- دراسة الطرف الآخر والتعرف على نمطه وشخصيته.

3- معرفة موقف الطرف الآخر من موضوع الإقناع.

4- الإنصات للطرف الآخر.

5- توجيه الحديث إلى العقل والعاطفة معا.

6- تقديم الحجج الإقناعية بشكل منطقي ومرتب ومثير للاهتمام والانتباه.

7- الالتزام بالصراحة والوضوح والدقة.

8- الصدق أقصر الطرق للإقناع.

وتضيف بعض الكتابات الإدارية والاجتماعية إرشادات أخرى في شأن مهارة الإقناع هي كالتالي :

1- اقتنع أنت بما تحاول أن تقنع به الآخرين.

2- جهز نفسك (من ستقنع وبماذا ولماذا ؟).

3- المصالح والقيم هي التي تحرك الناس. دورك هو اكتشاف هذه المصالح لتضع يديد على مداخل التعامل معهم.

4- استخدم أسلوبا مناسبا لعرض فكرتك.

5- استخدم كل أدواتك (معلومات، إشارات، حركات الجسم).

6- قسم الموضوع حتى تسهل عليك المهمة.

7- كن صبورا طويل البال، ولا تكن يئوسا.

8- ضع نفسك مكان من تحدثه، واحترم وجهة نظره.

9-   أنصت لتعليقات من تحدثه.

10-   لا تهاجم وجهة نظر من أمامك حتى لا تبدو متعصبا لأفكارك.

راعي كل هذه الإرشادات حينما تريد أن تقنع شخصا ما فقد لا تفاجأ إذا لم يقتنع فقد لا يحدث الاقتناع من جولة واحدة. وهناك بعض الحالات يكون من الصعب إقناع الآخرين بالأفكار الجديدة وذلك لأن الإنسان يكون في حالة توازن مع أفكاره ومعطياته وعندما يفاجأ بفكرة جديدة يأخذ ردود الأفعال التالية :

أ-   إما ينكر الفكرة .

ب-   أو يتعايش معها.

ج-   أو يبحث عن أفكار تفسدها.

5-   مهارة الملاحظة :

الملاحظة Observation أو المراقبة أو المشاهدة هي النشاط العقلي للمدركات الحسية، وهي من أقدم أدوات جمع البيانات من المبحوثين. وأول من طور هذه الأداة واستخدمها بشكل كبير الباحثين في علم الأنثروبولوجيا .

والغرض الرئيسي للملاحظة هو تدوين ما تراه فقط من سلوك وتصرفات وحركات ومشاعر سواء سلبية أو إيجابية.

والملاحظة كمهارة من المهارات التي يجب التدريب عليها واكتسابها، تتطلب منه الانتباه Attention الجيد. ويتحقق الانتباه من خلال:

1-   اليقظة

2-   اختيار المثير

3-   التركيز

4-   الحذر

وعلى الشخص أن يتدرب على الانتباه التلقائي من خلال تمييزه بين المثيرات المهمة وغير المهمة، وأن يتجاهل المثيرات غير المهمة والتافهة والتي ليس لها علاقة بموضوع الملاحظة. وأثناء الملاحظة تزداد المثيرات وتتوالى بسرعة وتتنوع، مما قد يعمل على خفض وتشتت الانتباه لدى الشخص. لذلك عليه أن يدرب نفسه على التعامل مع هذه المشكلة دون أن تنخفض قدرته على الانتباه كعنصر أساسي في عملية الملاحظة.

تدوين الملاحظة :

1- بدقة.

2- بموضوعية.

3- بجمل قصيرة.

4- بجمل واضحة.

5- بسرعة ما أمكن.

6- عدم تفسير ما تراه (فلان فعل ذلك لأن ....)، ربما يكون تفسيرك صحيحا، ولكن ليس هذا دور الملاحظة، والتفسير يأتي لاحقا..

6- مهارة القراءة :

تعريف القراءة :

من مهارات الاتصال مهارة القراءة Reading Skill. وعلى كل من المرسل والمستقبل اكتساب مهارة القراءة لكل أنواع الاتصالات المكتوبة سواء كانت تقرير أو خطاب أو مذكرة أو فاكس أو بريد إلكتروني..

والقراءة تعتبر لغة منطوقة Spoken Language وهذا النوع من اللغات يستخدمه الإنسان للاتصال بالآخرين من خلال الحديث والحوار Dialog معهم. ويطلق عليها أحيانا بالاتصال الشفهي Communication Vocal .

وأول أمر صدر لجميع المسلمين جاء في أول آية قرآنية نزلت على سيدنا محمد ﷺ ، حيث يقول اللـه سبحانه وتعالى" اقرأ باسم ربك الذي خلق (1) خلق الإنسان من علق (2) اقرأ وربك الأكرم (3) الذي علم بالقلم (4) علم الإنسان ما لم يعلم (5) "(العلق : 1-5) .

أهمية القراءة :

والقراءة هامة جدا لأي إنسان فهي الطريق إلى المعرفة Knowledge والتي بدورها تحقق الفهم Understanding .

تمريـن :

ما هي أهمية القراءة (فوائد القراءة) ؟

1- ....

2- ....

أنواع القراءة :

1- القراءة المتعمقة والقراءة السريعة.

2- القراءة الأفقية والقراءة الرأسية.

ويحتاج كل منا أن يكتسب مهارة القراءة لكل هذه الأنواع ، لأن لكل نوع مناسبة ووقت ومقام ومقال.

تمريـن :

1- متى يحتاج الإنسان إلى القراءة المتعمقة ؟

....

....

2- متى يحتاج الإنسان إلى القراءة السريعة ؟

....

....

172

3- متى يحتاج الإنسان إلى القراءة الأفقية ؟

....

....

4- متى يحتاج الإنسان إلى القراءة الرأسية ؟

....

....

....

7- مهارة الكتابة

يستخدم الإنسان أسلوب الكتابة لأسباب عديدة منها :

أ - التواصل مع الآخرين في حالة تعذر عملية التخاطب معهم.

ب- تعزيز وتأكيد الاتصالات الشفهية التي حدثت.

ج- توثيق ما اتفق عليه بين أطراف الاتصال.

د- تعطي كاتبها فرصة طيبة للتفكير والدراسة وتحري الدقة في التعبير.. وهذه الفرص لا تتوافر في الاتصال الشفهي. فكثير من الناس يصابون بالخجل وتضيع أفكارهم عندما يواجهون غيرهم للنقاش في أمر من الأمور.

هـ- تعطي قارئها فرصة طيبة للتفكير والوقت الكافي للدراسة واتخاذ القرارات.

إرشادات عامة للكتابة السليمة :

1- تحديد الهدف من عملية الكتابة.

2- ضع مقدمة بسيطة ثم ادخل في الموضوع بشكل مباشر.

3- الوضوح.

4- الارتباط بالموضوع.

5- الاكتمال - الشمولية.

6- الاختصار بدون إخلال.

7- تجنب التكرار.

8- استخدام الجمل القصيرة والبسيطة.

9- الموضوعية.

10- الدقة وصحة البيانات.

11- يجب أن تكون الأدلة المقدمة مقنعة.

12- استخدام وسائل الإيضاح.

13- استخدام الجداول والرسوم البيانية.

14- الخلو من الأخطاء المهنية.

15- الخلو من الأخطاء اللغوية.

16- الخلو من الأخطاء المطبعية.

17- يتعين عند الكتابة تقسيم الرسالة أو الخطاب أو التقرير إلى فقرات من حيث المقدمة والمحتوى والخاتمة.

18- التناسق : الترتيب السليم والتتابع المنطقي وتقسيم وترقيم الأجزاء.

هذا ويمكن أن نقول أن الكتابة إذا كانت مستوفية شروطها الفنية ومستكملة مقوماتها العلمية والإدارية ساعد ذلك على نجاحها وأداء وظيفتها.

والكتابة الجيدة من أسس نجاح الإدارة والمنظمة، بينما الكتابة السيئة عاملا يسئ إلى سمعة الإدارة والمنظمة ويضرهما ضررا بليغا.

من أشكال الكتابة نذكر :
- الخطابات.
- المذكرات.
- التقارير.
- محاضر الاجتماعات.
- رسائل البريد الإلكتروني.
- رسائل الفاكس.

● التلغرافات.
● النشرات - المجلات.
● الإعلانات المكتوبة .
● الملصقات.

معوقات الاتصال المكتوب :

هناك معوقات تقلل من فعالية تحقيق الاتصال المكتوب لأهدافه، نذكر منها:

1- عدم الدقة في كتابة البراهين والأدلة والحجج.
2- العاطفية في عرض الآراء والأفكار.
3- الانفعال عند الكتابة.
4- المبالغة في عرض وجهات النظر.
5- عدم السلامة اللغوية.
6- تزويق الحقائق.
7- عرض الآراء غير الموثقة.

الاتصال المكتوب

وضع كل من عبد الفتاح الشربيني وأحمد فهمي جلال الاستقصاء التالي والذي يمكن أن يساعدك في التعرف على درجة مهارة الاتصال المكتوب لديك.

اقرأ العبارات الآتية ثم حدد درجة مهاراتك في القيام بالمهام المذكورة بوضع دائرة حول الرقم الذي يناسبك.

(1) تعني أقل مستوى من المهارة و (3) أعلى درجة من المهارة.

درجة المهارة			المهام
3	2	1	1- اختيار الكتابة كأفضل وسيلة لتحقيق الغرض من الاتصال.
3	2	1	2- تخطيط وجدولة الكتابة والالتزام بموعد محدد.
3	2	1	3- جمع البيانات الخاصة وتحليلها لتحديد أكثرها أهمية لغرض الاتصال.
3	2	1	4- اختيار وإتباع الشكل المناسب.
3	2	1	5- وضع موجز يحدد النقاط الرئيسية وترتيبها في تسلسل منطقي.
3	2	1	6- التعبير الواضح الدقيق في الكتابة .
3	2	1	7- الالتزام بمبدأ الاختصار والبساطة في الكتابة.
3	2	1	8- إخراج الاتصال المكتوب في شكله النهائي ونسخه وتوزيعه.
3	2	1	المجمـــــوع

المجموع الكلي =

تفسير الدرجات :

1- إذا حصلت على 17 درجة فأكثر فإن مهارة الاتصال المكتوب لديك مرتفعة.

2- إذا حصلت على 9-16 درجة فإن مهارة الاتصال المكتوب لديك متوسطة.

3- إذا حصلت على 8 درجات فأقل فإن مهارة الاتصال المكتوب لديك منخفضة.

اختبر قوتك على كتابة التقارير

في برنامج تدريبي عن «مهارات إعداد وكتابة التقارير والمذكرات والخطابات» قدمته شركة بميك (مركز الخبرات المهنية للإدارة) تم عرض هذا الاستقصاء .

حاول الإجابة عن الأسئلة الآتية والتي يمكنك من خلالها التعرف على قدرتك في كتابة التقارير والمذكرات والخطابات.

اختر الدرجة التي تعتقد أنها تناسبك شخصيا.

م	العبارة	الاستجابات				
		دائما4	غالبا 3	أحيانا 2	نادرا 1	أبدا 0
1	عندما أستعد للكتابة في موضوع ما فإنني أسأل نفسي عن الهدف الذي أريد تحقيقه بصفة عامة من كتابة هذا الموضوع.					
2	قبل البدء في كتابة موضوع ما فإنني أسأل نفسي من سوف يقرأ هذا الموضوع.					
3	إنني أراعي أن أصل إلى أقصى درجة ممكنة من الإتقان عند قيامي بكتابة موضوع ما.					
4	عندما ألاحظ خطأ لغويا أو خطأ في صياغة ما أقوم بكتابته فإنني أتوقع عن الكتابة لإجراء التصحيح اللازم.					
5	إنني أعطي لنفسي فترة زمنية كافية قبل البدء في كتابة موضوع للتعرف على كافة الأفكار الموجودة في ذهني حول الموضوع الذي أرغب في الكتابة فيه.					

6	عندما أعد الخطوط العامة للموضوع الذي أقوم بكتابته فإنني بكتابته أراعي صياغة كافة النقاط التي تدفع القارئ إلى القيام باتخاذ إجراء معين بشكل واضح.					
7	بعد الانتهاء من كتابة التقرير فإنني أجمل كافة الأفكار الواردة به في ملخص مستقل في نهاية التقرير.					
8	بعد كتابة التقرير في شكله النهائي فإنني أراعي وجود عناوين فرعية لكافة الموضوعات الواردة فيه.					
9	أثناء كتابة تقرير ما أراعي استخدام الضمائر الشخصية (أنا ـ أنت ـ نحن ...).					
10	إنني أحاول استخدام أقل عدد ممكن من الصفحات للتعبير عن أكبر قدر ممكن من المعلومات.					
11	إنني أعتمد أثناء الكتابة حول موضوع ما على الرجوع إلى أكبر عدد ممكن من المراجع والمصادر التي تناولت الموضوع.					
12	بعد الانتهاء من كتابة موضوع ما فإنني أراجع ما قمت بكتابته مراجعة سريعة واحدة دون الرجوع إليها مرة أخرى .					
المجمـــــوع						

المجموع الكلي =

تفسير الدرجات :

1- إذا حصلت على 33 درجة فأكثر فإن مهارتك في كتابة التقارير والمذكرات والخطابات مرتفعة.

2- إذا حصلت على 17-32 درجة فإن مهارتك في كتابة التقارير والمذكرات والخطابات متوسطة.

3- إذا حصلت على 16 درجة فاقل فإن مهارتك في كتابة التقارير والمذكرات والخطابات منخفضة.

179

الفصل التاسع

Communication

أشتمل هذا الفصل على:

- Communication: Definitions.
- Reasons of Communication.
- Aims of communication.
- Communication Elements.
- Effective Sender.
- Characteristic of Good Message.
- Characteristic of Good communication Means.
- Kinds of Receivers.
- Kinds of communication.
- Criteria for Good Communication.
- Kinds of Information.
- Good Information.
- Effective Listening Skill.
- Meeting Management Skill.

Communication: Definition

- Communication is the verbal and nonverbal exchange of information, including all the ways in which knowledge is transmitted an received.

- Communication is a symbolic process in which human beings act to exchange perceptions and knowledge.

- Communication is the process of transmitting meanings from sender to receiver.

What is meant by Communication?

....
....

Reasons to Communication

We Communicate with others for many reasons such as:

1- To understand.

2- To have information.

3- To give information.

4- To seek opinion.

5- To give opinion.

6- To ask question.

7- To solve a problem.

8- To take a decision.

Complete:

9- ....

10- ....

11- ....

12- ....

Aims of Communication

Communication has many aims such as, realizing and achieving:

1- Information.

2- Convention or persuasion.

3- Work.

4- Coordination.

5- Cooperation.

6- Understanding.

Give others Aims:

7- ....

8- ....

9- ....

Communication Elements

There are five essential Communication Elements:

1- the sender.

2- The massage.

3- The medium/ mean.

4- The receiver.

5- The interpretation given to the message

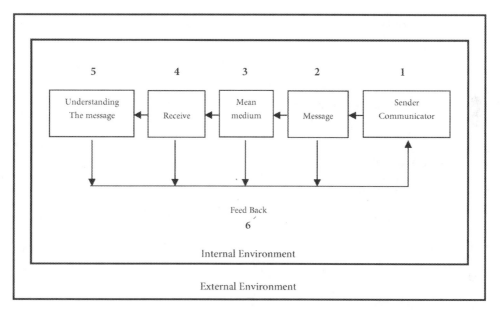

Effective Sender "Communicator"

Sender or Communicator should posses many Characteristics to be effective, such as:

1- Is positive and constructive.

2- Helps the receiver to understand.

3- Provides open, honest and accurate information.

4- Creates a social atmosphere.

5- Builds confidence.

6- Give opportunities to the receiver to discuss and participate.

7- Listens to the receiver.

8- Clarify the message to the receiver.

9- Is tolerant and flexible.

10- Treats the receiver with respect.

11- Insures all view are explored.

Complete (Give Other Characteristics):

12- ....

13- ....

14- ....

Characteristics of Good Message

1- Clear.

2- Relevant.

3- Direct.

4- Accurate.

5- Free from bias.

6- Complete.

7- Correct.

8- Consistent.

9- Concise.

Complete:

10- ....

11- ....

12- ....

Characteristics of Good Communication Means

1- suitable to the message.

2- suitable to the receiver.

3- Clear.

4- Attractive.

5- Speedy in introducing information.

6- Easy to use.

7- Cheap to build presentation.

Complete:

8- ………………………………………………………………

9- ………………………………………………………………

10- ………………………………………………………………

Kinds of Receivers

1- Positive.

2- Aggressive.

3- Blocker.

4- Recognition seeker.

5- Self Confessor.

6- Silencer.

7- Locked mind.

Complete:

8- ………………………………………………………………

9- ………………………………………………………………

10- ………………………………………………………………

11- ………………………………………………………………

Kinds of Communication

There are many kinds of Communication such as:

1- Formal and Inform Communication.

2- External and Internal Communication.

3- Good, Gray and Bad Communication.

4- Vertical and Lateral Communication.

5- Direct and Indirect Communication.

6- Verbal and Non- Verbal Communication.

7- One way and two ways Communication.

8- Downward and upward Communication.

Each of these kinds can play an important role in conveying messages throughout the organization hierarchy.

Give Examples form your Owen Organiza

....
....
....
....
....

Criteria for Good Communication

Good Communication is:

1- Face to Face.

2- Clear.

3- Relevant.

4- Flexible.

5- Open.

6- Mutual trust.

7- Mutual respect.

8- Constructive.

9- Free from bias.

Complete:

10- ....

11- ....

12- ....

13- ....

Kinds of Information

1- External and Internal Information.

2- Managerial, Executive and Information.

3- Historical, Online "Current" and Predictive Information.

4- Quantitive and Qualitive Information.

5- Available, Possible and Non Available Information.

6- Good, Gray and Bad Information.

Complete:

7- ....

8- ....

9- ....

Good Information

Good Information is:

1- Accurate.

2- Complete.

3- Economical.

4- Flexible.

5- Reliable.

6- Relevant.

7- Clear.

8- Timely (Fresh + New)

9- Free from bias.

10- Verifiable.

11- Accessibility.

12- Comprehensiveness.

Complete:

13- ……………………………………………………………………

14- ……………………………………………………………………

15- ……………………………………………………………………

16- ……………………………………………………………………

Effective Listening Skill

To be an effective listener, you should:

- Stay focused—Keep external distractions to a minimum and work at paying attention to what the other person is saying.

- Receive words and emotions—The words another person uses arc only part of the message. Be sure to capture the whole message by also paying attention to the gestures and emotions behind the words.

- Don't interrupt —interruptions disturb the communication process.

- Resist filtering—Try not to judge what the other person is saying based on who that person is or your own beliefs about the subject.

- Summarize the message—After you've heard what the other person has said, provide a brief summary to be sure you heard correctly.

Notes

....
....
....
....
....
....

Active Listening

Active listening, is the ability to emphathize." An attitude of empathy allows you to be aware of the other person's reeling.'! from his or her point of view. This form of listening involves showing the Other person that you understand what he or she has expressed. This is done by "mirroring back" to the speaker what he or she has said by:

1- Asking for clarification ("I don't understand what you mean")

2- Paraphrasing or restating the meaning of the words ("you mean-..-.")

3- Reflecting feelings ("Do you feel like...")

4- Summarizing the main ideas and feelings expressed by me speaker ("What I have heard you say so far is.-")

Hints For Effective Listening

- Become aware of your own listening habits.

- Slop talking. Let the other person talk. You can't listen while you talk-.

- Know your biases. Listen with an open mind. Avoid judging. Your way may not be the only way.

- Avoid jumping to conclusions. Listen for total meaning. Hidden meanings often lie behind sarcasm, wit. and what the person leaves out. Pay attention to verbal and nonverbal communication.

- Empathize. Put yourself in the speaker's place.

- Reflect feelings. Involve yourself with what is being said.

190

- Ask timely questions- When you don't understand or you need clarification, ask question- But don't interrupt unless a question is meaningful.

- Use silence effectively. Don't be afraid of silent moments.

- Eliminate distractions. Shut windows, ask the person to speak louder, have your secretary hold your calls, and so on.

Meetings Management Skill

- Why Meetings Fail ?

- It's not necessary

- Meeting is unplanned

- No agenda

- Agenda not focused or prioritized

- Too many items on the agenda

- One item on the agenda monopolizes meeting

- No objectives

- Unclear or unimportant objectives . Purpose not defined or executed

- Meeting lacks focus

- Unprepared leader

- No clear leader

- Unprepared participants - not able to contribute

- Too many participants

- Wrong people present & right people absent

- Uninterested participants

- Decision makers not present

- Equipment not working

- Uncomfortable environment - too hot, cold, small

- Interruptions

- No-shows, latecomers, early leavers

- Lack of questions

- Repetition

- Poor time management

- Meeting does not start or end on time

المصادر والمراجع

_____

📖 أولا : المصـــــادر

📖 ثانيا : المراجع العربية

📖 ثالثا : المراجع الأجنبية

المصادر والمراجع

أولا : المصادر

1- القرآن الكريم

2- الأحاديث النبوية الشريفة

ثانيا : المراجع العربية

1- إبراهيم إمام : **الإعلام والاتصال بالجماهير** (القاهرة : مكتبة الأنجلو، ط2، 1975).

2- أحمد زكي بدوي: **معجم مصطلحات العلوم الاجتماعية** (بيروت: مكتبة لبنان، 1993).

3- أحمد سيد مصطفى: **إدارة السلوك التنظيمي** (القاهرة : المؤلف، 2005).

4- أحمد سيد مصطفى: **إدارة الموارد البشرية** (القاهرة: المؤلف، 2004).

5- أحمد شفيق السكري: **قاموس الخدمة الاجتماعية والخدمات الاجتماعية** (الاسكندرية: دار المعرفة الجامعية، 2000).

6- أحمد عطية الله: **سيكولوجية الضحك** (القاهرة: دار إحياء الكتب العربية، 1974).

7- أحمد ماهر: **السلوك التنظيمي ـ مدخل بناء المهارات** (القاهرة: المكتب العربي الحديث، 1986).

8- السيد متولي العشماوي: «تقدير مستوى الإصغاء لدى بعض الأخصائيين المتعاملين مع بعض الحالات الفردية بالمجال التعليمي»، **المؤتمر العلمي التاسع لكلية الخدمة الاجتماعية، جامعة القاهرة، الفيوم**: 1996 .

9- الشركة السعودية لتنمية الكفاءات البشرية: **البرنامج التدريبي: مهارات العناية بالعملاء** (الرياض، HRD ، 2005).

10- الشركة السعودية لتنمية الكفاءات البشرية: **البرنامج التدريبي: مهارات الاتصال الفعال** (الرياض: HRD ، 2005).

11- ألن بيز: **لغة الجسم، كيف تقرأ أفكار الآخرين من خلال إيماءاتهم،** ترجمة سمير شيخاني (بيروت: دار الآفاق الجديدة،)1994.

12- أمين محمد أبو ريا: **فن التعامل مع الآخرين** (جدة: مركز التدريب بالغرفة التجارية الصناعية، 1993).

13- أمد يست: **البرنامج التدريبي: مهارات الإدارة العليا** (الجيزة: AMIDEAST، 2001).

14- انتصار يونس: **السلوك الإنساني** (القاهرة: دار المعارف، 1986).

15- إيناس زيادة: **كيف تقرأ أفكار الآخرين وحركات الجسم،** (بيروت: عالم الكتب، ط2، 1999).

16- برنت روبن: **الاتصال والسلوك الإنساني،** ترجمة قسم الوسائل وتكنولوجيا التعليم ـ كلية التربية بجامعة الملك سعود (الرياض: معهد الإدارة العامة، 1991).

17- بميك: **البرنامج التدريبي: مهارات العرض والتقديم** (الجيزة: مركز الخبرات الدولية المتكاملة، 2005).

18- بيتر كليتون: **لغة الجسد،** ترجمة دار الفاروق (الجيزة: دار الفاروق للنشر والتوزيع، 2005).

19- توتاليتي: **البرنامج التدريبي مهارات الاتصال الفعال** (القاهرة: شركة الخبرات الدولية المتكاملة، 2005).

20- جوليوس فاست: «لغة الجسم»، **مجلة كل الأسرة،** العدد 85، الشارقة، الإمارات: 31 مايو 1995.

21- جون هاس: «لغة الجسد والحوار الصامت»، ترجمة محمد أحمد عبد الرحمن، **مجلة الوعي الاجتماعي**، جمعية توعية ورعاية الأحداث، العدد 15، دبي، الإمارات: 2000.

22- ج نيرنبيرغ و هـ كاليرو: **كيف تحلل شخصية جليسك من خلال حركاته** (دمشق: دار الرشيد، 1998).

23- جيرالد جرينبرج وروبرت بارون: **إدارة السلوك في المنظمات**، تعريب رفاعي محمد رفاعي وإسماعيل علي بسيوني (الرياض: دار المريخ، 2004).

24- حسن محمد خير الدين وآخرون: **العلوم السلوكية** (القاهرة: مكتبة عين شمس، 1995).

25- حسين حريم: **السلوك التنظيمي** (عمان: دار زهران، 1997).

26- رشاد أحمد عبد اللطيف: **الاتصال في الخدمة الاجتماعية** (القاهرة: كلية الخدمة الاجتماعية، جامعة حلوان، 1999).

27- رضوى فرغلي: «صورة الجسم وتقدير الذات وعلاقتهما باضطرابات الأكل لدى الأطفال». **مجلة الطفولة والتنمية**، المجلس العربي للطفولة والتنمية. العدد 11، مجلة 3، القاهرة: خريف 2003.

28- سامي سعيد محمد جميل: «لغة الإشارة بين الواقع وتحديات القرن الحادي والعشرين». **المؤتمر القومي السابع لاتحاد هيئات رعاية الفئات الخاصة والمعوقين**، القاهرة: 8-10 ديسمبر 1998.

29- سامية فتحي عفيفي : دراسات في السلوك الإداري (القاهرة: كلية التجارة، جامعة حلوان، 2004).

30- سامية محمد جابر : **الاتصال الجماهيري والمجتمع الحديث** (الإسكندرية: دار المعرفة الجامعية ، 1983).

31- سامية لطفي وعزة علي : **تاريخ وتطور الملابس عبر العصور** (الإسكندرية: جامعة الإسكندرية، ط2، 1992).

32- سعيد عبد العال: «أهمية الاتصال البصري بين كل أخصائي خدمة الفرد والعميل»، **مجلة الخدمة الاجتماعية**، الجمعية المصرية للأخصائيين الاجتماعيين، العدد 34 و35، القاهرة: يونية 1992.

33- سمير أحمد عسكر: **المدخل إلى إدارة الأعمال ـ اتجاه شرطي** (القاهرة: دار النهضة العربية، 1983).

34- سميرة أحمد السيد وكمال يوسف اسكندر: «أسلوب مقترح لملاحظة وتسجيل أنماط السلوك غير اللفظي الشائعة لدى معلمي ومعلمات المرحلة الابتدائية بدولة البحرين»، **مجلة التربية المعاصرة**، العدد 10، 1988.

35- سلسلة الإدارة المثلى : **التواصل الفعال** (بيروت: مكتبة لبنان، 2001).

36- سلسلة الإدارة المثلى : **مهارات العرض والتأثير في السامعين** (بريوت: مكتبة لبنان، 2001).

37- سونايت: **البرمجة اللغوية العصبية في العمل** (الرياض: مكتبة جرير، ط2، 2004).

38- سيد الهواري : **الإدارة ، الأصول والأسس العلمية للقرن 21** (القاهرة: مكتبة عين شمس ، ط12، 2000).

39- شاكر عبد الحميد: **الفكاهة والضحك رؤية جديدة**، سلسلة عالم المعرفة، الكويت: 2003.

40- شيماء السيد سالم: **الاتصالات التسويقية المتكاملة** (القاهرة: مجموعة النيل العربية، 2006).

41- صفوت محمد العالم: **فنون العلاقات العامة** (القاهرة: دار النهضة العربية، ط2، 2006).

42 — عبد الستار إبراهيم ورضوى إبراهيم: **علم النفس أسسه ومعالم دراسته** (الرياض: دار العلوم للطباعة والنشر، ط3، 2003).

43 — عبد الفتاح الشربيني وأحمد فهمي جلال: **أساسيات الإدارة** (الجيزة: كلية التجارة، جامعة القاهرة، ط2، 1997).

44 — عبد الله بن عبد الكريم السالم: «أهمية لغة الجسم في الاتصال مع الآخرين» **مجلة الإدارة**، المجلد 33، العددان 3، 4 القاهرة : يناير وإبريل 2001.

45 — عبد المنعم حفني: **موسوعة علم النفس التحليلي** (القاهرة: مكتبة مدبولي، 1978).

46 — عبد الهادي الجوهري : **قاموس علم الاجتماع** (الإسكندرية: المكتب الجامعي الحديث، ط3، 1998).

47 — عثمان لبيب فراج: «إعاقات الاتصال والتخاطب»، **مجلة اتحاد هيئات رعاية الفئات الخاصة والمعوقين**، العدد 54، السنة 15، القاهرة: يونية 1998.

48 — على أحمد علي وروحية السيد : **الاتصالات في المنشآت الكبيرة** (القاهرة: مكتبة عين شمس، 1995).

49 — علي السلمي: **السلوك الإنساني في الإدارة** (القاهرة: مكتبة غريب، بدون تاريخ).

50 — على محمد عبد الوهاب وآخرون: **إدارة الموارد البشرية** (القاهرة: كلية التجارة، جامعة عين شمس، 2001).

51 — فرانك سنيرغ: **الإدارة بالضمير**، ترجمة بيت الأفكار الدولية (الرياض: المؤتمن للتوزيع، 1998).

52 — كفاءات: **البرنامج التدريبي: مهارات الاتصال الفعال** (الرياض: كفاءات للتدريب والتوظيف والاستشارات، 2005).

53 — كرستين تمبل: **المخ البشري**، ترجمة عاطف أحمد، سلسلة عالم المعرفة، الكويت: نوفمبر 2002.

54- ماجدة سيد عبيد: **الإعاقة السمعية** (الرياض: دار الهديان للنشر والتوزيع، 1992).

55- مأمون طربية: «الإشارة إعلاما»، **مجلة المنال**، مدينة الشارقة للخدمات الإنسانية، العدد 157، الشارقة: نوفمبر 2001.

56- **مجلة الشروق:** «لغة اليد والأنامل»، العدد 316، الشارقة: 6-12 إبريل 1998.

57- **مجلة المنال:** «النظام اللمسي»، مدينة الشارقة للخدمات الإنسانية، العدد 172، الشارقة: مارس 2003.

58- محمد أبو العلا أحمد : **علم النفس العام** (القاهرة: مكتبة عين شمس، 1996).

59- محمد أحمد هيكل: **مهارات التعامل مع الناس** (القاهرة: مجموعة النيل العربية، 2006).

60- محمد بركة: «لغة التخاطب سر إلهي بين جميع المخلوقات»، **جريدة الأهرام المصرية**. القاهرة: 14 مارس 2003.

61- محمد سيد طنطاوي: **أدب الحوار في الإسلام** (القاهرة: وزارة التربية والتعليم، 2000).

62- محمد عاطف غيث وآخرون: **قاموس علم الاجتماع** (القاهرة: الهيئة المصرية العامة للكتاب، 1979).

63- محمد عبد الغني حسن: **مهارات الاتصال** (القاهرة: مركز تطوير الأداء والتنمية، 1999).

64- محمد علي الخولي: **الحياة مع لغتين** (الكويت: دار الفلاح، 1990).

65- محمد كشاش: **لغة العيون** (بيروت: المكتبة العصرية للطباعة والنشر، 1999).

66- محمد محمد إبراهيم: **الاتجاهات المعاصرة في منظومة الإدارة** (القاهرة: مكتبة عين شمس، 2005).

67- محمد منير حجاب: **العلاقات العامة في المؤسسات الحديثة** (القاهرة: دار الفجر للنشر والتوزيع، 2007).

68- محمود عودة: **أساليب الاتصال والتغيير الاجتماعي** (القاهرة: دار المعارف، 1971).

69- مدحت محمد أبو النصر: «الحواس لدى الإنسان» ، **مجلة المنال**، مدينة الشارقة للخدمات الإنسانية، العدد 98، الشارقة: مايو 1996.

70- مدحت محمد أبو النصر: «وسائل الاتصال بين الكائنات»، **مجلة المنال**، مدينة الشارقة للخدمات الإنسانية، العدد 99، الشارقة: مايو 1996.

71- مدحت محمد أبو النصر: اكتشف شخصيتك وتعرف على مهاراتك في **الحياة والعمل** (القاهرة: إيتراك للطباعة والنشر والتوزيع، 2002).

72- مدحت محمد أبو النصر: **رعاية وتأهيل متحدي الإعاقة** (القاهرة: إيتراك للطباعة والنشر والتوزيع، 2002).

73- مدحت محمد أبو النصر: **إدارة الجمعيات الأهلية** (القاهرة: مجموعة النيل العربية، 2002).

74- مدحت محمد أبو النصر: **فريق العمل في مجال رعاية وتأهيل ذوي الاحتياجات الخاصة** (القاهرة: مجموعة النيل العربية، 2004).

75- مدحت محمد أبو النصر: **الإعاقة الحسية** (القاهرة: مجموعة النيل العربية، 2004).

76- مدحت محمد أبو النصر: **الإعاقة الجسمية** (القاهرة: مجموعة النيل العربية، 2004).

77- مدحت محمد أبو النصر: **البرنامج التدريبي مهارات الاتصال الفعال** (6 أكتوبر: الدار العربية للتنمية الصناعية والإدارية، 2005).

78- مدحت محمد أبو النصر: **إدارة اجتماعات العمل بنجاح** (القاهرة : مجموعة النيل العربية، 2006).

79 — مدحت محمد أبو النصر: **مقدمة في البرمجة اللغوية العصبية** (القاهرة : مجموعة النيل العربية، 2006).

80 — مدحت محمد أبو النصر: **لغة الجسم** (القاهرة : مجموعة النيل العربية، 2006).

81 — مدحت محمد أبو النصر: **الإدارة بالحب والمرح** (القاهرة : إيتراك للطباعة والنشر والتوزيع، 2007).

82 — مدحت محمد أبو النصر: **مفهوم ومراحل وأخلاقيات مهنة التدريب** (القاهرة : إيتراك للطباعة والنشر، 2007).

83 — مدحت محمد أبو النصر: **الاتجاهات المعاصرة في تنمية وإدارة الموارد البشرية** (القاهرة : مجموعة النيل العربية، 2007).

84 — مدحت محمد أبو النصر: **تنمية الذكاء العاطفي / الوجداني** (القاهرة : دار الفجر للطباعة والنشر والتوزيع، 2008).

85 — مدحت محمد أبو النصر: **إدارة الذات** (القاهرة : دار الفجر للطباعة والنشر والتوزيع، 2008).

86 — مدحت محمد أبو النصر: **إدارة الوقت** (القاهرة: المجموعة العربية للتدريب والبحوث والتسويق، 2008).

87 — مدحت محمد أبو النصر: **التفكير الابتكاري والإبداعي** (القاهرة : المجموعة العربية للتدريب والبحوث والتسويق، 2008).

88 — مدحت محمد أبو النصر: **قيم وأخلاقيات العمل والإدارة** (الجيزة: الدار العالمية للنشر والتوزيع، 2008).

89 — مريم إبراهيم حنا: «نحو أداة لقياس الاتصال اللفظي بين أخصائي خدمة الفرد والعميل»، **المؤتمر العلمي الثالث عشر لكلية الخدمة الاجتماعية**، جامعة حلوان، القاهرة: إبريل 2000.

90- منير البعلبكي: **المورد، قاموس إنجليزي عربي** (بيروت: دار العلم للملايين، 2007).

91- مهدي زويلف وعلى العضايلة: **إدارة المنظمة، نظريات وسلوك** (عمان: دار مجدلاوي، 1996).

92- مينا بديع عبد الملك: «الإرجونوميكا»، **جريدة الأهرام المصرية**، القاهرة، 2005).

93- ناصر محمد العديلي: **إدارة السلوك التنظيمي** (الرياض: مركز آفاق الإبداع الإداري والجودة، 1714هـ).

94- نادر أحمد أبو شيخة: **إدارة الوقت** (عمان : دار مجدلاوي، 1991).

95- يحيى حسن درويش: **معجم مصطلحات الخدمة الاجتماعية** (القاهرة: الشركة المصرية العالمية للنشر ـ لونجمان، 1998).

96- يوسف أسعد : **الشخصية المحبوبة** (القاهرة: نهضة مصر للطباعة والنشر والتوزيع، 1999).

97- يوسف القريوتي وآخرون : **المدخل إلى التربية الخاصة** (دبي: دار القلم، 1995).

ثالثا : المراجع الأجنبية :

1- Alfred Kadushin: "interviewing", **Encyclopedia of Social Work**, N.Y.: N.A.SW., 1995.

2- A. Meharbian (ed.): **Nonverbal Communication** (Chicago: Aldine-Atherton, 1972).

3- Ava S. Bulter: **Team Think** (N.Y.: Mc Grow – Hill, 1999).

4- A. W. Siegman & S. Feldstein **(eds.): Multichannel Integrations of Nonverbal Behavior** (N.Y: Elbaum, 1985).

5- B.D. Ruben & R.W. Budd: **Human Communication Handbook** (N.Y.: Hayden, 1975).

6- B. Grayson & M.I. Stein: "Attracting Assault: Victims" Nonverbal Cues". **Journal of Communication**, No 31, 1981.

202

املصادر واملراجع

7- Charles Darwin: **The Expression of the Emotions in Man and Animals** (London: John Murray, 1872).

8- Christine Temple : **The Brain** (England: Penguin, 1993).

9- David R. & Others: **Organization Behavior and The Practice Management** (Illinois: Scott, Foresman & Co. 1973).

10- D. Krieger: **Living the Therapeutic Touch** (N.Y.: Dodd, Mead, 3rd ed. 2004).

11- Don W. Stacks et. al.: **An Introduction to Communication Theory** (N.Y.: Harvourt Brace Jovanofich College Publications, 1991).

12- Edward T. Hall: **The Silent Language** (N.Y.: Doubleday, 1959).

13- Edward T. Hall: **The Silent Language** (N.Y.: Anchor Books, 1973).

14- Edward T. Hall: **Beyond Culture** (N.Y.: Anchor Books, 1977).

15- Edward T. Hall: **The Silent Language** (N.Y.: Anchor Books, 4th . ed., 1999).

16- E. Goffman: **Behavior in Public Places** (N.Y.: Ferr Press, 1963).

17- E. H. Hess: **The Tell-Tale Eye** (N.Y.: Van Nostrand Reinhold, 1975).

18- Elizabeth Perrot: **Teaching** (London: Longman, 1982).

19- Gail Mayers & Mayers: **The Dynamics of Human Communication** (N.Y.: MC Grow Hill, 1992).

20- G. A. Miller: **Language and Communication** (N.Y.: Mc Grow Hill, 2002).

21- G. K. Davis: **Instructional Technique** (N.Y.: Mc Grow Hill, 1981).

22- Gordon Walles: **How to Communicate?** (London: MC-Grow Hill, 1978).

23- Jack R. Gibb: "Defensive Communication", **Journal of Communication**, 11, No. 13, Sept. 1961.

24- James A. Stoner: **Management** (N. J.: Prentice – Hall, Inc., 2nd. Ed., 1982).

25- James Kuffman & Daniel Halhan: **Exceptional Children, Introduction to Special Education** (N.Y.: Englewood, 2nd. Ed., 1982).

26- Jennifer Joy – Matthews & Others: **Human Resource Development** (London: Kogan Page, 3rd. ed., 2007).

27- J.K. Burgoon D.B. Buller & W.G. Woodall: **Nonverbal Communication: The Unspoken Dialogue** (N.Y.: Harper & Raw, 1989).

28- John Woods: **Business Letters** (M.A., U.S.A.: Adams Media, 1999).

29- J. Ruesch & W. Kees: **Nonverbal Communication, Notes on the Visual Perception of Human Relations** (Berkeley: University of California Press, 1956).

30- Julius Fast : **Body Language** (N.Y.: M. Evans, 1970).

31- Julius Fast : **Body Language** (N.Y.: MJF Books, 5th. ed., 2000).

32- Kalhlen Sanford: **Leading With Love** (Francisco: Vashon Press, 1999).

33- K.R. Krupar: **Communication Games** (N.Y.: Free Press, 1973).

34- Laraine E. Flemming:L **Reading for Thinking** (N.Y.: Houghton Mifflin Co., 5th. ed., 2006).

35- Lee Richardson (edr.): **Dimensions of Communication** (N.Y.: Meredith Corporation, 4th. ed., 2000).

36- M. Argyle: **Bodily Communication** (London: Methuen, 2nd. Ed., 1988).

37- Mark L. Knapp & Judith A. Hall: **Nonverbal Communication in Human Interaction** (U.S.A.: Holt, Rinehart & Winston. Inc., 4th. ed., 1997).

38- Max Siporin : **Introduction to Social Work** (N.Y. : Macmillan Publication Co., Inc., 1975).

39- M. B. Myers & Others: "Coping Ability of Women Who Become Victims of Rape", **Journal of Consulting and Clinical Psychology,** No. 52, 1984.

40- M.E. Lee & Others: Cultural Influences on Nonverabal Behavior in Applied Behavior in Applied Settings", in R.S. Feldman (ed.): **Applications of Nonverbal Behavioral.**

41- M. F. A. Montague: **Touching, The Human Significance of the Skin** (N.Y.: Springer – Verlag, 2004).

42- M. Hecht & Ohters: "Nonverbal Behavior of Young Abused and Neglected Children", **Communication Education Journal,** No. 35, 1986.

43- Michael Mann (edr.): **Macmillan Student Encyclopedia of Sociology** (London: Macmillan Press, 1987).

44- M. L. Knapp, J.J. Cody & K. Kreardon: "Nonverbal Signals", in C.R. Berger & S.H. Chaffe (eds.): **Hand Book of Communication Science** (Beverly Hills, A: Sage, 1987).

45- M.L. Patterson: **Nonverbal Behavior: A Functional Approach** (N.Y.: Springer Verlag, 1983).

46- M.L. Patterson: Nonverbal Exchange: Past, Present and Future", **Journal of Nonverbal Behavior,** No.8, 1984.

47- M.R. Key (ed.): **The Relationship of Verbal and Nonverbal Communication** (The Hague: Mouton< 1980).

48- M. Von Cranach & I. Vine: **Social Communication and Movement** (N.Y.: Academic Press, 1978).

49- M. Wiener & A. Mehrabian: **Language Within Language** (N.Y.: Appleton Century Crofts, 1968).

50- P. Ekman, W.V. Friesen & P. Ellssworth: **Emotion in the Human Face** (N.Y.: Pergaman Press, 1972).

51- P. Ekman & W.W. Friesen: **Unmasking the Face** (N.Y.: Prentice Hall, 1975).

52- P. Ekman: **The Face of Man** (Carland: STPM Press, 1980).

53- Peter Cliton: **Body Language** (London: Hamlyn, 2003).

54- Philip Salder: **Strategic Management** (London: Kogan Page, 2nd. ed., 2003).

55- P. Marsh: **Eye to Eye:** How People Interact (M.A.: Salem House 1988).

56- P. Noller: **Nonverbal Communication and Marital Interaction** (N.Y.: Pergaman, 1998).

57- R. Heslin & M.L. Patterson: **Nonverbal Behavior and Social Psychology** (N.Y.: Pergman, 1982).

58- R. Hindel: **Non-Verbal Communication** (Cambridge: Cambrdige University Press, 1972).

59- R.L. Birdwhistell: **Introuction to Kinesics** (Michigan: University Microfilms, 1952).

60- R.L. Birdwhistell: **Kinescis and Context** (Philadelphia: University of Pennsylvania Press, 1970).

61- Robert Barker: **The Social Work Dictionary** (Washington, Dc: NASW Press, 4th. ed., 1999).

62- Robert Adnner & Moris Wolf: **Effective Communication in Business** (Cincinati: South Western Publications, 1976).

63- S.H. Peskin: "Nonverbal Communication in the Courtroom", **Trial Diplomacy Journal,** No. 3, 1980.

المصادر والمراجع

64- Sou Night: **NLP at Work** (London: Nicholas Brealey Publishing, 2nd. ed., 1995).

65- Waiter E. Oliu et. al.: **Effective Communication in Business** (N.Y.: St. Martin's Press, 1992).

66- Waston: **Media Communication** (N.Y.: Mc Grew Hill Book Company, Inc., 2002).

67- Werner Severin &James Tankard: **Communication Theories** (N.Y.: Longman, 4th. ed., 2003).

68- W.T. Singleton, P. Spurgeon & R.B. Stammers (eds.): **The Analysis of Social Skill** (N.Y.: Pergaman, 1980).